al instante

Gracias

a Catie Ziller, mi editora, por su apoyo, fe y confianza. A Petrina Tinslay por compartir conmigo su talento, paciencia y su absoluto compromiso con la perfección. A Vanessa "Bienvenida a mi mundo" Holden, estoy muy contenta de que lo hiciera. Tu talento para el diseño mejoraron el libro y gracias por tu dedicación para hacer las cosas "como es debido". A Matt Handbury y Murdoch Magazines por su continuado apoyo a la comida. A Paula Berger, gracias por mantener vivo mi sentido del humor, que trajeran y se llevaran los decorados, y lograr que funcionara todo. A Ben Masters y Briget Palmer, mi espina dorsal, mis probadores de recetas y chefs fotográficos, gracias por el continuado esfuerzo y vuestro inagotable entusiasmo. A Tony Lee y Smeg Appliances por suministrar todo lo imaginable y la fantástica cocina para el estudio. A Shelley y Joy de Mud Australia por complacerme con mi propio color en su fabulosa cerámica de formas perfectas y un increíble acabado mate. A Dee Bates, sencillamente la encarnación perfecta de la relaciones públicas. A Susin Chow por su aliento en el largo camino de ser editora. Gracias por darle sentido a todas aquellas palabras. A Jody Vassallo por haber estado siempre a mano.

Comenzar con productos perfectos siempre ayuda: muchísimas gracias a todos los de Antico's, Demcos, Paddington Fresh Foods y Mohr Foods; a Country Roads por la mantelería y la vajilla; a Malcolm Greenwood, Global Knives y Dinosaur Designs por sus maravillosos decorados.

Gracias a Michael Bell, Pinnacle Stainless Steel, Paul Thomas, Jimmy O., Chris y Simon Andrews por construirme ayer un estudio y una cocina. A mi compañero Billy por su energía, apoyo, amor y conocimientos de la construcción, gracias. Muchas gracias a mi familia.

Publicado por Murdoch Books®, una división de Murdoch Magazines Pty Ltd. GPO Box 1203, Sydney NSW 1045

Directora de arte: Vanessa Holden
Autora y estilista: Donna Hay
Fotógrafa: Petrina Tinslay
Redacción: Susin Chow

Primera edición en U.S.A.: enero, 2004

Traducción: Mercedes Polledo / Torreclavero
Realización: Torreclavero

Printed in Spain - Impreso en España

ISBN: 1-4000-9447-X

Distributed by Random House, Inc.

al instante

donna hay

fotografías de
petrina tinslay

traducción de mercedes polledo / torreclavero

Grijalbo

sumario

introducción 6

en la cocina 8

10 minutos (más o menos) 18

20 minutos 50

30 minutos 82

aperitivos y tentempiés 114

recetas básicas 140

  salsa de tomate 142

  caldo 150

  masa para rebozar 158

  masa quebrada 166

  masa de pan 174

glosario 182

índice 188

introducción

Hoy en día, el factor tiempo es fundamental, y lo más razonable es utilizar con inteligencia el poco de que disponemos.

Al instante ofrece soluciones innovadoras y con estilo destinadas a gente ocupada, que puedan ser útiles tanto para picar algo a solas en el sofá, como a la hora de preparar una cena rápida cuando los amigos se presentan en casa sin avisar. Desde lo más informal a lo más serio, el libro está lleno de buenas ideas.

Platos rápidos como la pasta, elaborados con el mínimo esfuerzo, reciben un toque moderno combinado con ingredientes sencillos pero de sabores nuevos. Este libro le enseña cómo tener siempre una despensa bien provista, utilizar productos frescos y recurrir a técnicas fáciles de cocina para preparar platos sabrosos en cuestión de minutos.

Para complementar este enfoque se incluye un capítulo amplio sobre técnicas básicas, así como un capítulo de aperitivos y tentempiés rápidos. Puede encontrar más información sobre los ingredientes y términos culinarios señalados con un asterisco* en el glosario.

en
la
cocina

compras

La compra es más fácil si se hace una lista. Procure dividir la compra en secciones para que le resulte más rápida y organizada.

la compra básica

Elabore una lista para no llegar a casa sin las cosas que realmente necesita. Revise la despensa o intente recordar lo que haya usado en los días anteriores para tener siempre productos básicos como arroz, pasta y harina. Compre la carne y el pollo hasta con tres días de antelación, siempre y cuando pueda almacenarlos correctamente. Lo mejor es adquirir las verduras frescas tres días antes. (Consulte «almacenamiento» en la página 12).

la compra rápida

¿Por qué no recurrir a Internet para hacer parte de la compra? Algunos supermercados tienen listas de todos los productos de sus estanterías para que los escoja desde el sitio *web*. Suelen incluir el pago con tarjeta de crédito a través de la red y el reparto. Si está todo el día ocupado en el trabajo y siempre tiene que hacer la compra rápidamente de camino a casa, intente hacer el encargo por teléfono a su carnicería habitual, a la frutería o a la pescadería y, de este modo, sólo tendrá que pasar un momento a recogerlo.

la compra especial

Si se dispone a aventurarse y meterse en todas las tiendas de comida étnica posibles, donde se encuentran los mejores productos «especiales». Cada cierto tiempo, se puede renovar la despensa con comida asiática, charcutería y pastas italianas, especias mediterráneas, pan, conservas y otros magníficos ingredientes de todo el mundo.

la compra fresca

Al salir de compras, es importante conseguir los alimentos más frescos y de la mejor calidad posible. Si se cocina con ingredientes frescos, se tiene la mitad del trabajo hecho y los resultados serán excelentes. Siga estas pistas para poder comprar productos de la mejor calidad.

Al comprar carne roja (unos filetes, por ejemplo), la superficie del corte debe estar húmeda y ser de color rojo oscuro. El aspecto de la grasa ha de ser cremoso, de color blanco o amarillo y debe también parecer elástica y húmeda.

La carne fresca del pollo es blanda, pero de aspecto firme y no ha de parecer «desinflada». La piel tiene que estar húmeda y su color blanco, aunque los pollos «de corral», alimentados con grano, la tienen amarilla. Si compra el pollo troceado, compruebe que cada trozo esté húmedo y con buen aspecto. La carne debería tener siempre color rosado.

Es fácil identificar el pescado y el marisco fresco al comprarlos. Todos los mariscos y pescados han de tener un suave aroma a mar. El pescado entero debe tener ojos saltones y abombados, con la pupila negra y brillante y la córnea transparente. Las agallas deben tener un color rojo vivo. Los moluscos se adquieren siempre vivos. Las gambas y los crustáceos en general no han de tener partes descoloridas en las patas y la cáscara debe ser firme y estar intacta. Las antenas y los ojos tienen que ser brillantes.

Es mejor comprar el queso en una tienda especializada, donde pueden informarle bien acerca de los distintos tipos, su curación y su sabor. Cuando compre queso, piense cuándo va a consumirlo; por ejemplo, si quiere un queso para esta noche, compre un brie casi líquido, muy blando, pero si es para dentro de unos días es mejor uno con el interior fino y algo más duro.

almacenamiento

Si tiene una despensa, un frigorífico y un congelador bien provistos, preparar una comida rápida y fresca le resultará lo más rápido del mundo.

la despensa

Procure que la despensa sea fresca, oscura y bien ventilada, pero no húmeda. Si tiene las estanterías organizadas, le será más fácil ver todos los ingredientes y acelerar las tareas en la cocina. Se pueden agrupar los ingredientes —ya que de este modo los encontrará rápidamente— y poner juntos los arroces, las salsas, la pasta, los condimentos y las especias. También le facilitará la labor de hacer la lista de la compra.

Al tener bien llena la despensa podrá preparar una comida rápida en cualquier momento o estar listo para cuando se presenten los amigos a tomar una copa y picar algo. Unas aceitunas, unas galletas saladas o unos *biscottes* para servir con queso y paté son un excelente comienzo.

la congelación al instante

Los productos comprados congelados deben introducirse en el congelador lo más pronto posible. Si congela alimentos como caldos o helados caseros, procure que estén bien cubiertos y situados en la zona más fría del congelador, con suficiente espacio libre a su alrededor para que el aire frío pueda congelarlos rápida y uniformemente. Los alimentos deben estar bien cerrados para excluir el aire y evitar las quemaduras por congelación que secan y endurecen la comida. Si quiere congelar alimentos rápidamente, utilice un recipiente de metal con tapa.

los alimentos perecederos

La carne roja y el pollo durarán hasta tres días en el frigorífico si se retiran de la bolsa de plástico y se colocan sobre un plato. Cúbralos con papel de aluminio o envuélvalos, sin aplastarlos, con un plástico. Colóquelos en la zona más fría del frigorífico —normalmente en la parte posterior—, lejos del ventilador, para evitar que se sequen. Conviene comprar el pescado el mismo día que va a cocinarse o un día antes, porque el sabor del pescado fresco siempre es mejor. Ponga el pescado, limpio de tripas y escamas, en un recipiente hermético o envuelto en plástico.

Se recomienda comprar las hortalizas frescas cada dos días o, como mucho, cada tres. Almacene las verduras, envueltas en paños de cocina húmedos, en el cajón del frigorífico o en las estanterías inferiores. Los champiñones deberían guardarse en bolsas de papel para que puedan respirar; incluso los que se compran en bandejas de plástico tendrían que almacenarse en bolsas de papel o muselina. Es preferible almacenar las patatas en un lugar fresco y oscuro, como la parte inferior de una despensa bien ventilada. Los manojos de hierbas duran más tiempo si se les cortan los tallos y se ponen en una jarra de agua. Cúbralos con un paño húmedo o una bolsa de plástico y métalos después en el frigorífico.

El queso y las carnes curadas suelen venir envueltas en plástico. Si están envasados al vacío, no es necesario retirar el plástico. El queso se conserva mejor en una bolsa de estopilla o algodón para evitar que sude. Las carnes curadas, como el jamón serrano, deberían guardarse en el papel en que se compraron o envueltas en plástico, sin aplastarlas.

Los productos lácteos, como la leche, han de guardarse preferiblemente en las estanterías del frigorífico, no en la puerta. Puesto que ésta se abre con frecuencia, a menudo se dice que es la parte más caliente y variable del frigorífico. Sin embargo, si usted sabe que su frigorífico mantiene la temperatura ideal cuando se abre con precaución la puerta, puede dejar la leche en donde más le convenga.

preparación

Organícese, tenga todo preparado y adelante trabajo. Reducirá el tiempo que pasa en la cocina y podrá hacer otras cosas.

a punto para cocinar

Llene la despensa con productos básicos y prácticos para ahorrar tiempo de preparación y poder a cocinar más rápido. Comience con la harina: corriente, con levadura y de maíz; azúcar, desde el blanco básico, fino y moreno al de caña; arroces *arborio* para el *risotto,* tailandés, de grano medio y de grano largo; diversas pastas de distinto grosor y peso para acompañar salsas variadas; el cuscús, la polenta instantánea y las lentejas son básicos en una despensa; los aceites de oliva, de semilla —entre otros— son imprescindibles; algunos tipos de vinagre, como el de vino tinto y el de vino blanco, el balsámico y el de sidra también resultan prácticos; y el vino de calidad para cocinar da mejor sabor a los alimentos, de modo que tenga a mano siempre botellas de tinto, blanco seco y dulce.

En los buenos supermercados hay botes de excelente salsa de tomate, pasta de *curry* y *laksa,* latas de tomates de pera, latas de atún en aceite de buena calidad, latas de alubias, anchoas en sal o aceite, aceitunas marinadas, alcaparras saladas y caldo líquido.

Llene el frigorífico con algunos quesos, incluido el parmesano, el cheddar y quizá un queso azul o ricotta, y productos lácteos como leche, yogur, mantequilla y nata. Muchos condimentos y salsas deben conservarse en el frigorífico después de abrirlos. Entre los sabores básicos que animan una comida se encuentran condimentos como mostazas, rábanos picantes, *chutneys,* pastas de chile, *miso* y *wasabi* y salsas de ostras, soja, *hoisin,* chiles y pescado.

cómo adelantar trabajo

Al volver de la compra y antes de guardar los alimentos, retire la grasa y los nervios de la carne, limpie y prepare el pollo y lave, aclare y guarde el marisco en seco. Limpie y trocee las verduras, cúbralas bien y guárdelas en el frigorífico hasta que se necesiten. Para revivir las verduras de ensalada antes de servirlas, póngalas siempre en un cuenco de agua fría con unos cubitos de hielo.

Ralle el jengibre, trocee los chiles y el ajo o corte en rodajas las cebollas y guárdelos en cuencos separados cubiertos con plástico en el frigorífico. Congele el zumo de limón o lima en cubiteras de hielo para ahorrar tiempo y esfuerzo.

Los alimentos que van a marinarse pueden prepararse con antelación, siempre y cuando no marine carne, pollo o pescado en gran cantidad de ácido, como vinagre o zumo de limón, durante más de dos o tres horas, ya que el ácido perjudicará la textura de la carne.

Saque alimentos como el queso, el chocolate y los pasteles de chocolate del frigorífico un rato antes de comerlos, de modo que tengan tiempo suficiente para volver a la temperatura ambiente y hayan recuperado todo su sabor cuando se sirvan.

algunos consejos

Ciertos alimentos deben cocinarse justo antes de comerlos. Si quiere servirlos calientes, prepare la carne, el pollo y el marisco inmediatamente antes de llevarlos a la mesa; no los recaliente, pues esto sólo los reseca y estropea.

Trocee las hierbas como el perejil, el perifollo, la menta y la albahaca para que no pierdan sabor ni color. Añada siempre el aliño a las ensaladas al final, ya que si se deja sobre las verduras mucho tiempo ablanda las hojas.

minutos (más o menos)

emparedados
cuscús
fideos
panecillos
rollitos de tortilla
pasta
ensaladas
verduras al vapor
caldo de citronela
sashimi

rollitos de tortilla   pasta con tomate natural y rúcula

mejillones con caldo de jengibre y citronela

rollitos de tortilla

2 cucharaditas de aceite de sésamo
4 chalotas picadas
4 huevos
salmón ahumado, pollo ahumado, rúcula*, brotes
 de espinacas o tomate troceado para el relleno
salsa de soja clara y salsa de soja espesa para acompañar

Calentar el aceite de sésamo en una sartén grande y antiadherente a fuego medio. Añadir las chalotas y rehogarlas durante dos minutos. Retirar la mitad de las chalotas y reservarlas.

Batir ligeramente los huevos para mezclarlos. Echar la mitad del huevo en la sartén y extenderlo para cubrir la base por igual. Freír durante dos o tres minutos hasta que casi esté cuajado, retirar la tortilla de la sartén y poner los rellenos elegidos sobre un lado de la tortilla. Enrollar y servir con la salsa de soja. Repetir con los ingredientes restantes. Para dos personas.

pasta con tomate natural y rúcula

400 g de pasta fresca*
5 tomates de pera cortados en trozos pequeños
2 cucharaditas de alcaparras saladas y escurridas
1/4 de cebolla roja picada fina
2 cucharadas de aceite de oliva
3 cucharadas de albahaca picada
90 g de rúcula* picada en trozos grandes
200 g de ricotta* fresco
pimienta negra recién molida
queso parmesano para acompañar

Echar la pasta en un cazo con agua hirviendo, cocer durante cuatro o cinco minutos hasta que esté *al dente* y escurrir. Mezclar los tomates, las alcaparras, la cebolla, el aceite, la albahaca, la rúcula, el ricotta y la pimienta. Incorporar a la pasta caliente y cubrir con queso parmesano. Para cuatro personas.

mejillones con caldo de jengibre y citronela

750 ml de caldo de pescado
2 cucharadas de jengibre rallado
2 tallos de citronela* picados finos
2 cucharaditas de corteza de limón rallada
1 kg de mejillones limpios

Echar el caldo, el jengibre, la citronela y el limón en una cacerola a fuego fuerte. Llevar el caldo a ebullición, añadir los mejillones y cocerlos durante dos o tres minutos hasta que se hayan abierto. Si alguno no se abre, desecharlo. Servirlos en cuencos hondos con el caldo y acompañar con pan. Para cuatro personas.

sashimi sobre ensalada de fideos con jengibre

sashimi de atún* para 4 personas
salsa de soja y *wasabi** para acompañar
Para la ensalada de fideos con jengibre
250 g de fideos de celofán* secos
1/3 de taza de jengibre encurtido
2 tazas de ramilletes de berros
3 cucharadas de cilantro picado en trozos grandes
3 cucharadas de salsa de soja
2 cucharadas de semillas de sésamo

Para preparar la ensalada de fideos con jengibre, echar los fideos en un cuenco de agua hirviendo y dejarlos cocer durante dos minutos; escurrir.

Mezclar los fideos con el jengibre, los berros, el cilantro, la salsa de soja y el sésamo.

Poner la ensalada de fideos en los platos y cubrir con las lonchas de *sashimi* de atún. Servir con más salsa de soja y *wasabi*. Para cuatro personas.

chuletas de cordero con fideos al chile

8-12 chuletas de cordero
aceite
pimienta negra recién molida
Para los fideos al chile
1 cucharada de aceite de sésamo
1 cucharada de aceite de chile*
3 chiles rojos sin semillas y picados
2 cucharadas de jengibre rallado
2 dientes de ajo cortados en láminas
3 cucharadas de albahaca o de albahaca asiática*
500 g de fideos frescos de arroz, lavados con agua caliente
salsa de soja para acompañar

Pintar las chuletas con aceite y espolvorearlas con la pimienta. Asar en el *grill* previamente calentado o freír en una sartén durante uno o dos minutos por cada lado. Mientras se hacen las chuletas, calentar los aceites de sésamo y de chile en un wok o sartén a fuego fuerte. Añadir los chiles, el jengibre, el ajo y la albahaca y rehogar durante un minuto. Añadir los fideos y rehogar durante tres o cuatro minutos hasta que estén hechos. Servir los fideos con las chuletas de cordero y pequeños cuencos de salsa de soja aparte. Para cuatro personas.

sashimi sobre ensalada de fideos con jengibre

chuletas de cordero con fideos al chile

pasta con salmón ahumado y salsa de eneldo

espárragos con *tofu* y mantequilla balsámica   calamares con chile verde y lima *kaffir*

pasta con salmón ahumado y salsa de eneldo

500 g de *fettucine* o tallarines frescos
4 cucharadas de aceite de oliva
2 cucharadas de zumo de limón
1 cucharada de alcaparras saladas escurridas
1 cucharada de mostaza en grano
1/2 cebolla roja cortada en aros finos
8-10 lonchas de salmón ahumado
2 cucharadas de eneldo picado
2 cucharadas de perejil de hoja plana
pimienta negra recién molida
brotes de espinacas para acompañar

Echar la pasta en una cazuela grande de agua hirviendo, a fuego fuerte, y cocerla durante cinco minutos.
Mientras se cuece la pasta, poner el aceite, el zumo de limón, las alcaparras, la mostaza y la cebolla en un cazo pequeño a fuego lento o medio y cocer durante dos minutos hasta que esté bien caliente.
Escurrir la pasta y ponerla en un cuenco grande de servir. Incorporar a la pasta la mezcla de aceite y limón, el salmón, el eneldo y el perejil. Servir con abundante pimienta negra y una ensalada de brotes de espinacas. Para cuatro personas.

espárragos con *tofu* y mantequilla balsámica

1 cucharada de aceite
2 dientes de ajo cortados en láminas
60 g de mantequilla
3 cucharadas de vinagre balsámico
3 cucharadas de agua
1 ramillete de espárragos limpios y cortados por la mitad a lo largo
pimienta negra recién molida
4 lonchas gruesas y firmes de *tofu*
1 cucharada de tomillo

Calentar el aceite en una sartén a fuego medio, incorporar los ajos y freírlos durante un minuto. Añadir la mantequilla, el vinagre y el agua a la sartén y dejarlos cocer un minuto. Añadir los espárragos y la pimienta y cocer durante cuatro minutos hasta que estén tiernos. Sacar los espárragos y ponerlos en los platos de servir; añadir el *tofu* y el tomillo a la sartén y dejarlo medio minuto por cada lado, hasta que esté caliente. Poner el *tofu* sobre los espárragos y servir con la mantequilla balsámica. Para dos personas.

calamares con chile verde y lima *kaffir*

12 calamares pequeños limpios y cortados por la mitad
1 chile verde sin semillas y picado
4 hojas de lima *kaffir** picadas finas
2 cucharadas de aceite de oliva
pimienta negra recién molida y sal marina
verduras para ensalada, lima y aguacate para acompañar

Poner los calamares en un cuenco con el chile, las hojas de lima, el aceite de oliva, la pimienta y la sal y mezclarlos. Precalentar la parrilla o la barbacoa a fuego fuerte y asar en ella los calamares, poco a poco, durante unos 10 segundos por cada lado hasta que queden dorados. Servir acompañado de una ensalada, unos gajos de lima y aguacate. Para cuatro personas.
Nota: pida al pescadero que limpie bien los calamares, pues resulta más fácil y limpio que hacerlo en casa.

cordero con glaseado de membrillo

600 g de silla o lomo de cordero
1 cucharada de aceite
3 cucharadas de dulce de membrillo
150 ml de vino blanco seco
pimienta negra recién molida
espárragos, ensalada y queso azul para acompañar

Limpiar el cordero de grasa y nervios. Calentar el aceite en una sartén a fuego fuerte. Añadir el cordero y dorar durante uno o dos minutos por cada lado hasta que esté listo. Retirar el cordero de la sartén a un plato. Bajar el fuego a medio, añadir el dulce de membrillo, el vino y la pimienta a la sartén y cocer durante dos minutos hasta que el glaseado espese un poco. Devolver el cordero a la sartén durante un minuto más por cada lado hasta que quede a su gusto.
Cortar el cordero en trozos grandes y servir con el glaseado de membrillo y unos espárragos cocidos al vapor o una ensalada con dados de queso azul blando. Para cuatro personas.
Nota: este plato de cordero resullta magnífico servido con la ensalada de rúcula con aliño caliente de nueces y aceitunas de la página 134.

cordero con glaseado de membrillo

pescado blanco con mantequilla de piñones

pasta con pollo troceado y albahaca frita   ensalada crujiente de berenjenas

pescado blanco
con mantequilla de piñones

100 g de mantequilla
2 cucharadas de zumo de limón
3 cucharadas de piñones picados en trozos grandes
4 filetes de pescado blanco —pez espada, por ejemplo—
verduras al vapor y gajos de limón para acompañar

Deshacer la mantequilla en una sartén grande a fuego medio, hasta que tome color dorado claro. Añadir el zumo de limón y los piñones y rehogar durante un minuto. Añadir el pescado a la sartén y cocinar durante dos minutos por cada lado o al gusto. Servir el pescado sobre verduras cocidas al vapor, con la mantequilla de piñones como salsa y con gajos de limón. Para dos personas.
Nota: este plato resulta excelente si se sirve con la ensalada de lechuga *iceberg* de la página 134.

pasta con pollo troceado
y albahaca frita

450 g de pasta fresca*
3 filetes de pechuga de pollo cortados por la mitad
3 cucharadas de aceite de oliva
25 g de hojas de albahaca
125 g de queso feta cortado en trozos
pimienta negra recién molida
gajos de limón para acompañar

Echar la pasta en un cazo de agua hirviendo y cocer durante cuatro o cinco minutos hasta que esté *al dente.* Mientras se cuece la pasta, calentar una cucharada de aceite en una sartén grande a fuego medio o fuerte. Freír el pollo dos o tres minutos por cada lado hasta que esté hecho. Retirarlo, dejar que se enfríe un poco y trocearlo. Añadir las otras dos cucharadas de aceite a la sartén y calentar. Echar la albahaca y freír durante dos minutos hasta que esté crujiente. Para servir, escurrir la pasta y mezclar con el pollo, el queso feta y la pimienta. Regarla con el aceite y la albahaca frita y servir acompañada de unos gajos de limón. Para cuatro personas.

ensalada crujiente
de berenjenas

1 berenjena cortada en rodajas finas
aceite de oliva
1 cogollo de lechuga romana cortado por la mitad
150 g de queso feta marinado en aceite y troceado
2 cucharadas de hojas de albahaca troceadas
pimienta negra recién molida

Pintar bien la berenjena con aceite de oliva. Colocar las rodajas en una sartén a fuego medio o fuerte y freír durante dos o tres minutos por cada lado hasta que estén doradas y crujientes.
Poner la lechuga en los platos de servir y cubrirla con las rodajas de berenjena, el queso feta, la albahaca y la pimienta. Aliñar con el aceite aromático del feta y servir. Para dos personas.
Nota: también se puede pasar por la sartén un poco de jamón serrano cortado en lonchas finas y servirlo como parte de esta ensalada.

pasta con vieiras
y mantequilla de limón

220 g de pasta fresca*
60 g de mantequilla
1 cucharada de aceite
2 cucharaditas de corteza de limón rallada
pimienta negra recién molida
10 vieiras
perifollo

Echar la pasta en un cazo de agua hirviendo y cocer durante cuatro o cinco minutos hasta que esté *al dente.* Mientras la pasta se cuece, deshacer la mantequilla y el aceite en una sartén a fuego medio. Añadir la corteza de limón y la pimienta y freír durante un minuto hasta que la corteza se ablande. Añadir las vieiras a la sartén y freírlas durante 20 o 30 segundos por cada lado, es decir, hasta que estén doradas.
Para servir, escurrir la pasta y mezclarla con el perifollo. Cubrir con las vieiras y la salsa de mantequilla de limón. Para dos personas.
Nota: esta receta también es excelente usando gambas o dados de pescado, como salmón, en vez de las vieiras.

pasta con vieiras y mantequilla de limón

ensalada de cuscús, rúcula y parmesano

200 g de cuscús
500 ml de caldo de pollo o de verduras hirviendo
2 cucharadas de mantequilla
25 g de queso parmesano rallado
pimienta negra recién molida
200 g de hojas de rúcula* limpias
4 tomates maduros cortados en rodajas
3 cucharadas de vinagre balsámico

Poner el cuscús en un cuenco y añadir por encima el caldo hirviendo. Echar encima la mantequilla, cubrir con plástico y dejarlo reposar durante cuatro minutos hasta que el caldo se haya absorbido. Remover el cuscús con un tenedor y mezclar después con el parmesano y abundante pimienta negra molida.
Poner el cuscús, la rúcula y los tomates en platos de servir y aliñar con el vinagre balsámico. Para cuatro personas.

filetes de ternera balsámicos glaseados

2 cucharadas de aceite de oliva
3 cucharadas de vinagre balsámico
pimienta negra recién molida
2 filetes de ternera de 2 o 3 cm de grosor
verduras para ensalada, cebolla roja cortada en tiras y tomate
  para acompañar

Mezclar en un plato el aceite de oliva, el vinagre balsámico y la pimienta. Colocar los filetes en la marinada y dejarlos dos minutos por cada lado.
Mientras los filetes se marinan, calentar una parrilla o una barbacoa a fuego fuerte. Poner las verduras, la cebolla y el tomate en platos de servir.
Colocar los filetes en la parrilla y asarlos durante un minuto por cada lado. Pintarlos con la marinada que haya quedado mientras se asan. Después, colocarlos encima de la ensalada y servir. Para dos personas.
Nota: procure que los filetes no estén demasiado tiempo en la marinada, ya que el ácido cambia la textura de la carne.

rollos de ternera con chile

500 g de filetes de cadera de ternera
1-2 cucharadas de pasta de chile*
8 tortillas de maíz* calientes
175 ml de *hummus** preparado
8 hojas de lechuga
2 tomates troceados
1/2 cebolla roja picada
salsa de chile

Limpiar la carne de grasa y nervios y extender la pasta de chile sobre ella. Asar en una parrilla o una barbacoa previamente caliente durante uno o dos minutos por cada lado hasta que esté al gusto.
Mientras se asa la carne, extender el *hummus* sobre las tortillas calientes y cubrir con lechuga, tomate y cebolla. Trocear los filetes, colocar sobre la ensalada y cubrir con salsa de chile. Doblar un lado de la tortilla hasta cubrir la base del relleno y doblar de nuevo por encima el resto para cerrar. Para cuatro personas.
Nota: calentar las tortillas en el microondas o cubiertas en un horno caliente.

sopa de *miso* con pollo y fideos

4 cucharadas de *miso** claro
2 cucharaditas de salsa de pescado*
2 cucharadas de salsa de soja
1'5 l de agua caliente
2 filetes de pechuga de pollo troceados
100 g de verduras asiáticas
200 g de fideos *hokkien** frescos

Poner el *miso*, la salsa de pescado, la salsa de soja y el agua en un caldo a fuego fuerte y llevar a ebullición. Bajar el fuego, añadir los trozos de pollo y cocer durante un minuto. Añadir las verduras y los fideos y cocer durante dos minutos hasta que los fideos estén tiernos.
Poner la sopa en cuencos individuales y servir. Para cuatro personas.

ensalada de cuscús, rúcula y parmesano

rollos de ternera con chile

filetes de ternera balsámicos glaseados

sopa de *miso* con pollo y fideos

gambas crujientes con lechuga *iceberg*

cerdo *hoisin* en crepes de cebolleta

pez espada frito con aceite de oliva y salvia

gambas crujientes con lechuga *iceberg*

12-14 gambas crudas de tamaño medio (en México, camarones)
aceite (poco) para freír
250 ml de harina de arroz
1 cucharada de comino molido
2 cucharaditas de chile en polvo
pimienta negra recién molida y sal marina
chiles picados y más sal marina para acompañar
Para la ensalada de lechuga iceberg
1 corazón de lechuga *iceberg*
3 cucharadas de aceite de oliva
2 cucharadas de zumo de limón
2 cucharaditas de mostaza de Dijon
pimienta negra recién molida

Lavar y escurrir las gambas. Calentar aceite suficiente en una sartén para freír a fuego fuerte. Mezclar la harina de arroz, el comino, el chile en polvo, la pimienta y la sal marina; pasar las gambas por la mezcla y sacudirlas para retirar el exceso. Colocar las gambas, unas pocas de cada vez, en el aceite caliente y freír durante un minuto por cada lado hasta que estén crujientes. Sacarlas a un plato con papel absorbente. Para servir, cortar por la mitad la lechuga y colocarla en los platos. Mezclar el aceite, el zumo de limón, la mostaza y la pimienta y regar con ello la lechuga. Espolvorear los chiles picados y la sal marina sobre las gambas y servir con la ensalada de lechuga *iceberg*. Para dos personas.

cerdo *hoisin* en crepes de cebolleta

2 cucharaditas de aceite de sésamo
600 g de filetes de cerdo
crepes de cebolleta preparados y congelados (ver nota)
6 chalotas cortadas en rodajas
salsa *hoisin**

Calentar el aceite en una sartén a fuego medio. Añadir el cerdo y freír durante tres minutos por cada lado hasta que esté casi hecho.
Mientras se fríe el cerdo, calentar los crepes de cebolleta, siguiendo las instrucciones del paquete, y mantenerlos calientes en el horno.
Para servir, trocear el cerdo. Poner un montoncito de chalotas sobre cada crepe. Cubrir con el cerdo y la salsa *hoisin* y enrollar los bordes para cerrar el relleno. Servir con verduras cocidas al vapor. Para cuatro personas.

Nota: los crepes de cebolleta se encuentran en la sección de congelados de los comercios especializados en productos chinos o asiáticos. También pueden comprarse preparados. Si tiene tiempo, use la receta de crepes de la página 165 y añada tres cucharadas de chalota picada.

pez espada frito con aceite de oliva y salvia

3 cucharadas de aceite de oliva afrutado
2 cucharadas de hojas de salvia
2 cucharaditas de corteza de limón rallada
pimienta negra recién molida
4 filetes finos de pez espada

Calentar el aceite de oliva en una sartén grande a fuego medio o fuerte. Añadir la salvia, la corteza de limón y la pimienta y freír durante dos minutos hasta que la salvia esté crujiente.
Poner los filetes de pescado en la sartén y freír durante un minuto por cada lado hasta que estén hechos.
Servir el pez espada con el aceite de oliva. Para cuatro personas.
Nota: esta receta sirve para cualquier tipo de pescado blanco de carne firme, y es excelente con las patatas cocidas con romero y sal de la página 134.

ensalada de alubias blancas y atún

125 g de hojas de brotes de espinacas
375 g de alubias blancas en conserva escurridas
375 g de atún en aceite escurrido (en conserva)
1 pepino troceado
2 tomates troceados (en México, jitomates)
2 cucharadas de perejil
2 cucharadas de aceite de oliva
2 cucharadas de zumo de limón
pimienta negra recién molida

Repartir las espinacas, las alubias, el atún, el pepino, el tomate y el perejil en los platos de servir.
Mezclar el aceite, el zumo de limón y la pimienta y regar la ensalada. Acompañar con pan. Para cuatro personas.

ensalada de alubias blancas y atún

ternera con pimienta y ensalada de pepino

emparedados calientes de atún

ensalada de gambas con aliño de parmesano

ternera con pimienta
y ensalada de pepino

550 g de filetes de cadera o lomo de ternera
aceite
pimienta negra recién molida
Para la ensalada
150 g de hojas de brotes de espinacas
2 pepinos
2 chalotas picadas
2 cucharadas de perejil
2 cucharadas de vinagre de vino blanco
1 cucharada de aceite de sésamo

Pintar la carne con aceite y espolvorear con pimienta.
Asarla en una barbacoa caliente, en una parrilla o freírla en
una sartén durante uno o dos minutos por cada lado o al
gusto. Poner los filetes en un plato y cubrir durante dos
minutos para dejar reposar la carne.
Mientras se hace la carne, poner las hojas de espinacas en
los platos de servir. Cortar en tiras los pepinos con un
mondador de verduras y mezclar con las chalotas, el
perejil, el vinagre y el aceite de sésamo.
Cortar la carne en tiras y colocarlas sobre las espinacas.
Cubrir con la ensalada de pepinos y servir. Para cuatro
personas.

emparedados calientes
de atún

2 panecillos turcos redondos
60 ml de mayonesa
1 cucharada de zumo de limón
1 cucharada de eneldo picado
375 g de atún en aceite de lata escurrido
50 g de hojas de brotes de espinacas
1 tomate cortado en rodajas
pimienta negra recién molida y sal marina
aceite de oliva

Cortar los panecillos por la mitad y extender una mezcla de
mayonesa, limón y eneldo en las mitades inferiores. Cubrir
con el atún, las espinacas, el tomate, pimienta y sal y,
después, poner las mitades superiores del pan.
Calentar un poco de aceite de oliva en una sartén a fuego
medio y colocar los emparedados en la sartén. Poner un
plato sobre ellos y un peso sobre el plato. Freír durante
cuatro minutos por cada lado hasta que estén dorados.
Para dos personas.

ensalada de gambas
con aliño de parmesano

550 g de gambas cocidas y peladas
1 lechuga romana
1 aguacate cortado en cuartos
1 tomate troceado (en México, jitomate)
2 cucharadas de alcaparras saladas y escurridas
Para el aliño de parmesano
25 g de queso parmesano rallado
125 ml de mayonesa
2 cucharadas de aceite
3 cucharadas de zumo de lima (en México, limón verde)
pimienta negra recién molida
pan y gajos de lima para acompañar

Disponer en los platos de servir las gambas, las lechugas,
el aguacate, los tomates y las alcaparras.
Mezclar el parmesano, la mayonesa, el aceite, el zumo de
lima y la pimienta y verter el conjunto sobre la ensalada.
Servir con pan y unos gajos de lima. Para cuatro personas.

pasta al chile con atún
y limón

400 g de tallarines con chile frescos o *capelli d'angelo**
300 g de *sashimi* de atún*
3 cucharadas de zumo de limón
2 cucharadas de aceite
1-2 cucharaditas de pasta *wasabi**
2 cucharadas de perifollo
pimienta negra recién molida
ensalada verde para acompañar

Echar la pasta en una cacerola grande con agua hirviendo
y cocer durante cuatro o cinco minutos hasta que esté *al
dente*.
Mientras se cuece la pasta, trocear el atún en dados.
Mezclar el zumo de limón, el aceite y la pasta *wasabi*.
Escurrir la pasta e incorporarle el atún, el perifollo y la mezcla
de zumo de limón. Espolvorear con pimienta negra molida y
servir con una ensalada verde. Para cuatro personas.
Nota: esta receta resulta igual de buena con salmón o con
reo. Si no se consigue la pasta fresca, se puede usar 400 g
de pasta seca, pero se tardará algo más de 10 minutos.
Para una comida completa, servir con la ensalada de
lechuga *iceberg* de la página 134.
Si no se consigue perifollo, puede sustituirse por una
mezcla de perejil y cilantro.

pasta al chile con atún y limón

ensalada de espinacas con aliño caliente de ajo

panes planos con miel, mostaza y jamón ahumado

pasta con pollo y espinacas

ensalada de espinacas con aliño caliente de ajo

250 g de hojas de brotes de espinacas
150 g de tomates semisecos
12 rebanadas de pan rústico
aceite de oliva
Para el aliño caliente de ajo
3 cucharadas de aceite de oliva
3 dientes de ajo cortados en láminas
2 cucharadas de alcaparras saladas y escurridas
40 g de aceitunas negras
2 cucharadas de zumo de limón
2 cucharadas de hojas de tomillo
pimienta negra recién molida

Poner las hojas de las espinacas y los tomates en platos de servir. Colocar las rebanadas de pan en una bandeja y aliñarlas con un poco de aceite de oliva. Ponerlas en el *grill* o en una parrilla y tostar durante un minuto por cada lado hasta que se doren.
Calentar el aceite en una sartén a fuego medio. Echar el ajo y freír durante un minuto. Añadir las alcaparras, las aceitunas, el zumo de limón, el tomillo y la pimienta a la sartén y rehogar durante un minuto, hasta que se caliente la mezcla. Verter el aliño sobre la ensalada y cubrir con el pan tostado. Para cuatro personas.

panes planos con miel, mostaza y jamón ahumado

2 cucharadas de miel
3 cucharadas de mostaza de Dijon
4 panes planos de tipo escandinavo
6-8 lonchas de jamón ahumado
6-8 lonchas de queso brie* maduro
4-6 hojas de *radicchio**
aceite de oliva

Mezclar la miel y la mostaza y extender sobre dos panes. Cubrir con el jamón, el queso y el *radicchio.* Terminar con los dos panes restantes y pintar con un poco de aceite de oliva. Colocar en el *grill* o en una parrilla durante uno o dos minutos por cada lado hasta que el pan esté crujiente y dorado. Para dos personas.

pasta con pollo y espinacas

450 g de pasta fresca*
600 ml de salsa de tomate (véase la página 146)
3 filetes de pechugas de pollo cortados en tiras
150 g de hojas de brotes de espinacas
pimienta negra recién molida
queso parmesano para acompañar

Echar la pasta en una cacerola de agua hirviendo y cocer durante cuatro o cinco minutos hasta que esté *al dente*. Mientras la pasta se cuece, calentar la salsa de tomate en una sartén a fuego fuerte. Cuando·la salsa hierva, añadir las tiras de pollo, taparlo y cocer durante dos o tres minutos hasta que se haga la carne.
Para servir, escurrir la pasta, colocarla en los platos y cubrir con las hojas de espinaca, el pollo con tomate y espolvorear con pimienta y parmesano. Para cuatro personas.

tostadas con jamón serrano

4 rebanadas de pan rústico
mantequilla
3 *bocconcini** cortados en rodajas
2 cucharadas de hojas de albahaca
8-12 lonchas de jamón serrano
1-2 cucharadas de queso parmesano rallado
pimienta negra recién molida
higos y hojas de rúcula* para acompañar

Poner las rebanadas de pan en un *grill* a temperatura media y tostar un lado. Dar la vuelta al pan y untarlo con mantequilla. Cubrir con los *bocconcini,* la albahaca, el jamón, el parmesano y la pimienta y colocar en el *grill* durante un minuto hasta que el parmesano se haya derretido y el jamón esté crujiente.
Servir las tostadas con higos y hojas de rúcula. Para cuatro personas.
Nota: se puede hacer una comida más completa sirviendo las tostadas con la ensalada de tomates asados de la página 134.

tostadas con jamón serrano

salsa de chocolate para helado   tiramisú de chocolate blanco

frutas de hueso con arándanos, frambuesas y muscato

torrijas con *amaretto*

salsa de chocolate para helado

125 ml de nata
125 g de chocolate negro troceado
helado de vainilla, chocolate o *toffee*

Poner la nata en un cazo a fuego medio y calentarla. Retirar del fuego y añadir el chocolate removiendo hasta que se incorpore. Dejar que se enfríe un poco y volcar sobre el helado elegido. Resultan 250 ml.
Nota: guardar la salsa sobrante en el frigorífico y calentar suavemente para volver a utilizarla.

tiramisú de chocolate blanco

150 g de bizcochos de soletilla
60 ml de café *espresso* fuerte y frío
60 ml de licor de café
175 ml de nata espesa
tiras de chocolate blanco

Apilar los bizcochos en los platos. Regarlos con el café y el licor mezclados. Cubrir con la nata espesa y las tiras de chocolate blanco. Para cuatro personas.

frutas de hueso con arándanos, frambuesas y muscato

2 ciruelas cortadas en cuartos
2 melocotones cortados por la mitad
150 g de arándanos
150 g de frambuesas
375 ml de vino muscato d'asti* frío

Poner la fruta en cuencos de servir. Cubrir con el muscato bien frío y servir con ayuda de un cuchillo, un tenedor y una cuchara grande para la salsa. Para cuatro personas.

torrijas con *amaretto*

1 huevo poco batido
2 cucharadas de *amaretto*
2 cucharadas de azúcar fino
1 cucharadita de extracto de vainilla
125 ml de leche
3 rebanadas de pan sin corteza y cortadas por la mitad
azúcar glas y sirope de arce
mantequilla

Poner el huevo, el *amaretto*, el azúcar y la vainilla en un cuenco y batir para mezclarlo. Añadir la leche y batir. Calentar una sartén a fuego medio y engrasar con un poco de mantequilla. Remojar algunos trozos de pan en la mezcla de huevo y colocar en la sartén. Freír durante dos minutos por cada lado hasta que estén dorados. Repetir el proceso con el pan restante.
Espolvorear con azúcar glas o endulzar con sirope de arce y servir con vasitos de *amaretto* y café. Para dos personas.

higos con oporto y vainilla

60 g de azúcar
175 ml de vino de Oporto
1 cucharadita de extracto de vainilla
4 higos cortados por la mitad

Poner el azúcar, el oporto y la vainilla en una sartén a fuego lento y remover hasta que se disuelva el azúcar. Dejar que cueza durante un minuto.
Poner los higos en cuencos de servir y regarlos con la mezcla de oporto y vainilla. Servir con nata espesa o helado de *toffee.* Para cuatro personas.
Nota: si se dispone de tiempo, hacer las galletas de coco de la página 126 para acompañar.

higos con oporto y vainilla

minutos

tortillas

sopa de fideos *udon*

laksa

pilaf

ensaladas

puré

rehogar

harisa

tostadas

lentejas

pollo frito con requesón de cabra   sopa de fideos *udon* con pollo a la parrilla

filetes de cerdo asado con panceta curada crujiente

pollo frito con requesón de cabra

4 filetes de pechuga de pollo con piel
100-150 g de requesón de cabra
sal marina y pimienta negra recién molida
2 cucharadas de aceite
2 cucharadas de tomillo limonero

Abrir un hueco en cada filete entre la piel y la carne y rellenarlo de requesón de cabra con ayuda de una cucharilla o una espátula pequeña. Espolvorear con sal y pimienta la piel del pollo.
Calentar el aceite en una sartén a fuego medio o fuerte. Añadir el tomillo y freír durante un minuto. Colocar el pollo con la piel hacia abajo en la sartén y freír durante tres o cuatro minutos hasta que esté bien dorado. Darlo la vuelta y freírlo de nuevo durante uno o dos minutos hasta que esté hecho. Servirlo cortado en trozos grandes, regado con el aceite de tomillo de la sartén y acompañado de una ensalada sencilla o de verduras al vapor. Para cuatro personas.
Nota: si el requesón de cabra no es lo suyo, cámbielo por queso mascarpone espeso. Pruebe a acompañar este plato con los espárragos con mantequilla balsámica de la página 134.

sopa de fideos *udon* con pollo a la parrilla

750 ml de caldo de pollo
2 cucharadas de *miso**
300 g de fideos frescos *udon**
2 pechugas de pollo troceadas
aceite
2 chalotas en rodajas
80 g de setas *enoki**

Poner el caldo de pollo y el *miso* en una cacerola a fuego fuerte y llevar a ebullición. Bajar el fuego y añadir los fideos *udon*.
Pintar los trozos de pollo con aceite y asar en el *grill* o en una parrilla durante un minuto por cada lado.
Añadir las chalotas y las setas a la sopa y poner todo en cuencos. Cubrir con el pollo y servir. Para dos personas.
Nota: las setas *enoki* pueden sustituirse por cualquier seta aromática disponible.

filetes de cerdo asado con panceta curada crujiente

12-14 lonchas de panceta curada
350-400 g de filetes de cerdo
1 manzana cortada en rodajas
2 cucharaditas de aceite
2 cucharadas de hojas de salvia
pimienta negra recién molida

Precalentar el horno a 220 ºC. Envolver los filetes de cerdo en la panceta. Poner la manzana en rodajas en la base de una fuente de horno y cubrir con el cerdo. Agregar el aceite y espolvorear la salvia y la pimienta.
Asar en el horno durante 12 o 15 minutos hasta que la carne esté al gusto. Servirlo cortado en trozos grandes con una ensalada de rúcula y pimienta. Para dos personas.
Nota: esta receta también resulta excelente con el cerdo envuelto en lonchas finas de jamón serrano y acompañado del puré de patatas y ajo asado de la página 134.

pollo con sal y cinco especias

400 g de pollo troceado
2 cucharadas de zumo de limón
1 cucharada de aceite de chile*
una pizca de cinco especias chinas en polvo*
1 cucharada de sal marina
1 cucharadita de cinco especias en polvo* para acompañar
arroz y verduras para acompañar

Poner los trozos de pollo en un cuenco con el limón, el aceite de chile y la pizca de cinco especias y dejar marinar durante cinco minutos.
Precalentar el horno a 200 ºC. Calentar una sartén grande a fuego fuerte y echar en ella los trozos de pollo con el lado de la piel hacia abajo. Freír durante dos minutos por cada lado hasta que estén crujientes y dorados. Colocar el pollo en una fuente y asar en el horno durante ocho o diez minutos, hasta que esté hecho.
Mezclar la sal y la cucharadita de cinco especias y servir en montoncitos con el pollo. Para comer, pasar los trocitos de pollo por la mezcla de sal y cinco especias. Acompañar con arroz y verduras. Para dos personas.

pollo con sal y cinco especias

pastelitos de gambas con salsa de chile dulce

ensalada de tostada con tomates asados   *laksa* de coco y salmón

pastelitos de gambas con salsa de chile dulce

600 g de cola de gamba pelada cruda
1 clara de huevo
2 hojas de lima *kaffir** picadas
3 cucharadas de salsa de chile dulce
120 g de pan rallado
3 cucharadas de harina
aceite (poco) para freír
más salsa de chile dulce para acompañar

Poner la carne de gambas, la clara de huevo, las hojas de lima, la salsa de chile dulce, el pan rallado y la harina en un robot de cocina y batir hasta que los ingredientes estén mezclados, pero no en un puré fino. Con las manos húmedas, dar forma de pastelillos a la mezcla. Calentar aceite en una sartén a fuego medio o fuerte. Echar los pastelillos, unos pocos de cada vez, y freír durante tres minutos por cada lado hasta que estén dorados. Escurrir y servir con la salsa de chile dulce y ensalada verde. Para cuatro personas.
Nota: estos pasteles de gambas son un bocado excelente para servir con bebidas. Dar forma a los pasteles y meter en el frigorífico; después, freírlos justo antes de servir.

ensalada de tostada con tomates asados

2 tomates cortados por la mitad
4 rebanadas de pan rústico
pimienta negra recién molida
aceite de oliva
1 diente de ajo cortado por la mitad
50 g de hojas de rúcula*
50 g de brotes de espinacas
vinagre balsámico y aceite de oliva para el aliño
finas tiras de queso parmesano para servir

Poner los tomates y el pan en una bandeja, espolvorear con pimienta y aliñar con aceite. Colocar en un *grill* precalentado. Tostar el pan durante un minuto, dar la vuelta y tostar durante otro minuto hasta que esté dorado. Retirar el pan y seguir asando los tomates durante otros 10 minutos hasta que estén blandos. Frotar los dos lados del pan con el diente de ajo.
Colocar las hojas de rúcula y las espinacas en platos de servir y cubrir con las tostadas y los tomates. Aliñar con la mezcla de vinagre y aceite y el queso parmesano. Para dos personas.
Nota: también se puede omitir las tostadas de esta receta y colocar la ensalada de tomate, rúcula y espinacas en la base de masa con parmesano de la página 173.

laksa de coco y salmón

150 g de *vermicelle** de arroz secos
4 cucharadas de buena pasta *laksa**
1 cucharada de jengibre rallado
1 hoja de lima *kaffir** picada (opcional)
875 ml de caldo de pescado o verduras
500 ml de leche de coco
250 g de filetes de salmón troceados
4 *bok choy** pequeños con las hojas separadas
chiles rojos picados y hojas de cilantro para acompañar

Poner los fideos de arroz en un cuenco con agua hirviendo y remojar durante dos minutos; escurrir y reservar.
Poner en un cazo la pasta *laksa,* el jengibre y la hoja de lima y calentar a fuego medio o fuerte durante un minuto hasta que esté fragante. Añadir el caldo y la leche de coco y bajar el fuego a lento.
Cuando el caldo de coco esté caliente, añadir el salmón y *bok choy* y cocer durante uno o dos minutos. Colocar los fideos de arroz en el fondo de cuencos para servir y echar encima el caldo. Espolvorear con chiles picados y hojas de cilantro. Para cuatro personas.

agujas con arroz *pilaf*, limón y pimienta

4 agujas o boquerones abiertas por la mitad
aceite
pimienta negra recién molida y sal marina
1 cucharada de aceite
Para el arroz pilaf *con limón*
1 cebolla picada
350 g de arroz de grano largo
750 ml de caldo de pollo o de verduras
2-3 cucharadas de zumo de limón
2 cucharadas de perejil picado
pimienta negra recién molida y sal marina

Para preparar el *pilaf,* calentar aceite en una cacerola a fuego medio. Echar la cebolla y rehogar durante dos minutos hasta que esté blanda. Añadir el arroz y rehogar durante un minuto. Añadir el caldo a la cacerola y cocer durante 10 o 12 minutos hasta que se hayan formado huecos en el arroz y casi todo el caldo se haya absorbido. Incorporar el zumo de limón, perejil, pimienta y sal marina. Mientras se prepara el *pilaf,* pintar las agujas con aceite. Espolvorear con pimienta y sal. Calentar una sartén a fuego fuerte y freír las agujas durante dos o tres minutos por cada lado hasta que la piel esté crujiente y el pescado hecho. Servir con el *pilaf* con limón. Para dos personas.

agujas con arroz *pilaf*, limón y pimienta

pollo con especias y arroz
pilaf con chile

2 cucharadas de aceite
3 chiles rojos, sin semillas y picados
350 g de arroz
750 ml de caldo de pollo
150 g de judías verdes finas cortadas por la mitad
Para el pollo con especias
2 cucharadas más de aceite
4 filetes de pechuga de pollo partidos a la mitad
2 cucharadas de comino molido
2 cucharaditas de canela molida
pimienta negra recién molida

Para preparar el *pilaf* con chile, calentar el aceite en una cacerola a fuego medio o fuerte. Echar el chile y rehogar durante un minuto. Añadir el arroz y rehogar un minuto más. Incorporar el caldo y llevar a ebullición. Bajar el fuego y dejar cocer el arroz durante 10 o 12 minutos hasta que se haya absorbido casi todo el líquido. Poner las judías encima del arroz, tapar la cacerola y retirar del fuego.
Mientras se prepara el arroz, calentar más aceite en una sartén. Pasar los trozos de pollo por la mezcla de comino, canela y pimienta y freírlos durante dos minutos por cada lado hasta que estén dorados. Servir el pollo con las judías verdes chinas y el *pilaf* de chile. Para cuatro personas.

ensalada de hinojo tostado

4 bulbos de hinojo pequeños cortados por la mitad
150 g de queso de cabra cortado en rodajas
1 cucharada de hojas de tomillo
aceite de oliva
pimienta negra recién molida
180 g de hojas de rúcula*
150 g de tomates *cherry* cortados en cuartos
vinagre balsámico y aceite de oliva para aliñar

Colocar el hinojo con el lado del corte hacia arriba en una bandeja de horno. Cubrirlo con queso de cabra, tomillo y un poco de aceite. Ponerlo en un *grill* precalentado durante cinco minutos hasta que el hinojo se haya ablandado, pero siga estando firme.
Para servir, colocar las hojas de rúcula y los tomates en platos y cubrir con el hinojo tostado. Aliñar con el vinagre balsámico y el aceite de oliva y acompañar con rebanadas de pan integral. Para cuatro personas.

pescado frito con limón
y perejil

2 cucharadas de corteza de limón finamente rallada
3 cucharadas de perejil picado
pimienta negra recién molida y sal marina
4 filetes de pescado blanco
aceite de oliva
verduras y gajos de limón para acompañar

Mezclar en un cuenco la corteza de limón, el perejil, la pimienta y la sal. Untar con la mezcla de limón y perejil el pescado por los dos lados. Calentar un poco de aceite de oliva en una sartén grande a fuego fuerte. Freír el pescado en ella durante uno o dos minutos por cada lado, hasta que esté al gusto. Servir acompañado de los gajos de limón y las verduras cocidas al vapor. Para cuatro personas.

ternera rehogada
con jengibre y verduras

1 cucharada de aceite de sésamo
2 cucharadas de jengibre rallado
2 dientes de ajo cortados en láminas
500 g de filetes de cadera de ternera troceados
500 g de verduras chinas limpias y cortadas por la mitad
2 cucharadas de salsa de ostras
125 ml de vino chino para cocinar*
2 cucharaditas de harina de trigo
3 cucharaditas de cebollino
arroz o fideos de arroz para acompañar

Calentar el aceite de sésamo en un *wok* o sartén a fuego fuerte. Echar el jengibre y el ajo y rehogar durante un minuto hasta que esté blando. Añadir la ternera y rehogar durante dos o tres minutos, hasta que la carne esté bien dorada. Añadir las verduras chinas a la sartén con la salsa de ostras y el vino y rehogar durante dos minutos. Mezclar la harina de trigo con un poco de agua hasta hacer una pasta fina. Añadir a la sartén y rehogar durante dos minutos hasta que las verduras estén tiernas y la salsa haya espesado. Espolvorear con cebollino y servir con arroz o fideos de arroz. Para cuatro personas.

pollo con especias y arroz *pilaf* con chile

pescado frito con limón y perejil

ensalada de hinojo tostado

ternera rehogada con jengibre y verduras

ternera con tomate y *bocconcini*   sopa de beicon y habas

pollo rehogado con soja y anís estrellado

ternera con tomate y *bocconcini*

1 cucharada de aceite

4 filetes de ternera

4 rebanadas de pan crujiente

4 *bocconcini** pequeños cortados en rodajas

2 tomates cortados en rodajas

aceite de oliva

albahaca picada

ensalada para acompañar

Calentar el aceite en una sartén a fuego fuerte. Echar la ternera y freír durante un minuto por cada lado hasta que esté hecha. Colocar el pan y la ternera en una bandeja de horno, cubrir con los *bocconcini* y el tomate y aliñar el conjunto con un poco de aceite de oliva.
Poner el pan y la ternera en el *grill* precalentado a fuego fuerte durante dos o tres minutos hasta que el pan esté tostado y los *bocconcini* hayan empezado a derretirse. Para servir, espolvorear un poco de albahaca picada sobre el pan, cubrir con la ternera y después un poco más de albahaca. Servir acompañado de una ensalada sencilla de verduras. Para cuatro personas.

sopa de beicon y habas

2 cucharaditas de aceite

2 puerros picados

2 cucharadas de hojas de romero

6 lonchas de beicon sin la corteza y cortadas en tiras

1 kg de tomates pelados en conserva, ligeramente
  machacados

250 ml de vino tinto

500 ml de caldo de ternera

350 g de habas

pimienta negra recién molida y sal marina

Calentar el aceite en una cacerola grande a fuego medio. Echar el puerro, el romero y el beicon y rehogar durante cinco minutos hasta que el puerro esté blando. Añadir los tomates, el vino y el caldo y dejar cocer durante ocho minutos.
Añadir las habas a la sopa y cocer durante cinco minutos hasta que estén tiernas. Sazonar con sal y pimienta y servir la sopa con pan. Para cuatro personas.
Nota: si no se consiguen habas frescas, se pueden usar congeladas o en conserva.

pollo rehogado con soja y anís estrellado

80 ml de salsa de soja

60 ml de vino chino para cocinar* o jerez

2 cucharadas de salsa de ostras

2 anises estrellados*

1 palito de canela

2 cucharadas de azúcar moreno

2 filetes de pechuga de pollo

1 ramillete de *bok choy** o verduras chinas limpias y cortadas
  por la mitad

arroz para acompañar

Poner la salsa de soja, el vino de cocina o jerez, la salsa de ostras, el anís estrellado, la canela y el azúcar en una sartén a fuego fuerte y llevar a ebullición. Añadir el pollo y dejar cocer durante tres minutos por cada lado. Añadir las verduras a la sartén y cocer durante dos minutos, hasta que estén tiernas.
Colocar el pollo y las verduras en los platos de servir y regar con el líquido de la sartén como salsa. Servir con arroz hervido. Para dos personas.

pasta con rúcula y queso azul

450 g de pasta fresca* o seca

2 cucharadas de mantequilla

60 g de nueces

2 cucharadas de vinagre de sidra

3 cucharadas de cebollino picado

180 g de hojas de rúcula*

150 g de queso azul cortado en tiras

pimienta negra recién molida

pan y ensalada de tomate para acompañar

Echar la pasta en una cacerola de agua hirviendo y cocer hasta que esté *al dente*.
Mientras se cuece la pasta, calentar la mantequilla en una sartén pequeña a fuego medio. Añadir las nueces y rehogar durante dos minutos hasta que estén tostadas. Añadir el vinagre de sidra a la sartén. Escurrir la pasta y mezclar con el cebollino, la rúcula, el queso azul, el aliño de nueces y la pimienta negra recién molida.
Servir la pasta con pan y una ensalada de tomate con un aliño balsámico sencillo. Para cuatro personas.

pasta con rúcula y queso azul

pollo rebozado con parmesano

berenjena asada con salsa verde de albahaca

ternera con ajo y cuscús con especias

pollo guisado con *curry* y coco

pollo rebozado con parmesano

2 filetes de pechuga de pollo
2 claras de huevo ligeramente batidas
100 g de queso parmesano rallado
pimienta negra recién molida
2 cucharadas de aceite
2 tomates maduros cortados en rodajas
2 cucharadas de albahaca picada
vinagre balsámico y aceite de oliva para aliñar
gajos de limón y pan para acompañar

Cortar cada filete de pollo en dos trozos delgados y planos. Mezclar el parmesano y la pimienta. Pasar cada trozo de pollo por la clara de huevo y presionar después sobre la mezcla de parmesano y pimienta.
Calentar el aceite a fuego medio o fuerte y echar los trozos de pollo. Freír durante uno o dos minutos por cada lado hasta que el pollo esté dorado y hecho.
Para servir, poner tomate y albahaca en los platos, aliñar con vinagre balsámico y aceite de oliva y, a continuación, las tiras de pollo. Servir con gajos de limón y pan. Para dos personas.

ternera con ajo y cuscús con especias

1 cucharada de aceite
3 dientes de ajo cortados en láminas
2 filetes de ternera
Para el cuscús con especias
200 g de cuscús
375 ml de caldo de pollo hirviendo
2 cucharadas de mantequilla
2 cucharaditas de semillas de comino
2 cucharadas de cilantro picado
pimienta negra recién molida y sal marina

Para preparar el cuscús con especias ponerlo, junto con el caldo, en un cuenco. Cubrir bien con plástico y dejarlo reposar durante cuatro o cinco minutos hasta que el cuscús absorba el caldo.
Mientras reposa el cuscús, calentar la mantequilla en una sartén a fuego medio. Echar las semillas de comino y rehogar durante dos minutos. Después, añadir el cuscús, el cilantro, la pimienta y la sal y rehogar durante un minuto hasta que esté caliente.
Para preparar la carne, calentar aceite en una sartén a fuego fuerte. Poner las láminas de ajo sobre los filetes y colocar en la sartén caliente. Freír durante dos minutos por cada lado.
Servir los filetes sobre el cuscús con verduras hervidas. Para dos personas.

berenjena asada con salsa verde de albahaca

2 berenjenas cortadas por la mitad
3 tomates cortados por la mitad
Para la salsa verde de albahaca
4 cucharadas de perejil picado
8 cucharadas de albahaca picada
2 dientes de ajo cortados en láminas
1 cucharada de mostaza de Dijon
3 cucharadas de alcaparras
80 ml de aceite de oliva
2 cucharadas de zumo de limón
pan tostado y queso de cabra para acompañar

Hacer cortes profundos a lo largo en las berenjenas y los tomates y colocarlos en una bandeja de horno.
Para preparar la salsa verde de albahaca, echar el perejil, la albahaca, el ajo, la mostaza y las alcaparras en un robot de cocina o un vaso de batidora y batir hasta que esté todo picado fino. Añadir el aceite de oliva y el zumo de limón y batir hasta que se forme una pasta fina.
Extender la salsa verde sobre las berenjenas y los tomates. Poner en el *grill* precalentado y asar durante cinco minutos hasta que la berenjena esté blanda. Servir con pan tostado y queso de cabra. Para cuatro personas.

pollo guisado con *curry* y coco

3 cucharadas de pasta de *curry* roja*
6 filetes de muslo de pollo cortados por la mitad
500 ml de boniato troceado
500 ml de caldo de pollo
375 ml de leche de coco
3 cucharadas de hojas de cilantro
arroz o verduras para acompañar

Poner una sartén a fuego medio o fuerte y echar la pasta de *curry*. Cocer durante uno o dos minutos hasta que la pasta esté fragante, añadir el pollo y el boniato y cocer durante dos minutos. Añadir el caldo y la leche de coco y bajar el fuego. Dejar que cueza suavemente durante 12 minutos hasta que el pollo y el boniato estén hechos. Espolvorear cilantro sobre el pollo y servir con arroz hervido o verduras al vapor. Para cuatro personas.
Nota: no hervir la leche de coco, ya que se cortaría; el sabor será el mismo, pero la apariencia y la textura de la salsa serán distintas.

fideos *hokkien* con pollo y sésamo

500 g de fideos *hokkien** frescos
2 cucharaditas de aceite de sésamo
2 cebollas picadas
3-4 filetes de pechugas de pollo en tiras
3 cucharadas de salsa de soja
125 ml de vino chino para cocinar* o jerez seco
2 cucharadas de *miso* claro*
500 ml de verduras, como espinacas o *bok choy*
1 cucharada de semillas de sésamo

Lavar los fideos con agua caliente para separarlos, escurrirlos bien y reservarlos. Calentar el aceite en una sartén o *wok* a fuego fuerte. Añadir la cebolla y rehogar durante dos minutos. Poner el pollo en la sartén y freír durante cuatro minutos hasta que esté bien dorado. Añadir la salsa de soja, el vino, el *miso,* las verduras y los fideos *hokkien* a la sartén y dejar cocer durante cuatro minutos hasta que las verduras estén tiernas. Para servir, colocar en cuencos y espolvorear con las semillas de sésamo. Para cuatro personas.

lentejas con hojas de lima y chiles

1 cucharada de aceite
4 chiles rojos medianos picados
2 cucharadas de jengibre rallado
5 hojas de lima *kaffir** picadas
300 g de lentejas rojas
750 ml de caldo de verduras o de pollo
50 g de hojas de albahaca tailandesa*
6 cucharadas de hojas de cilantro
judías verdes finas al vapor para acompañar

Calentar el aceite en una sartén a fuego medio. Echar los chiles, el jengibre y las hojas de lima y rehogar durante un minuto. Añadir las lentejas y el caldo a la sartén y cocer durante cinco o seis minutos hasta que las lentejas estén cocidas, pero firmes.
Poner la albahaca y el cilantro en cuencos de servir y cubrir con las lentejas. Acompañar con las judías verdes al vapor. Para cuatro personas.

chuletas de cerdo con puré de boniato al jengibre

2 chuletas de cerdo
semillas de sésamo
aceite
Para el puré de boniato al jengibre
400 g de boniatos pelados y cortados en trozos
2 cucharadas de jengibre rallado
30 g de mantequilla
1 cucharada de miel
leche
2 cucharadas de hojas de cilantro
verduras al vapor para para acompañar

Para preparar el puré, echar el boniato y el jengibre en una cacerola de agua hirviendo y cocer durante cinco o siete minutos hasta que esté tierno; escurrir. Aplastar el boniato con la mantequilla, la miel y suficiente leche para que quede un puré fino. Incorporar el cilantro al puré.
Mientras se cuece el boniato, aplastar las chuletas de cerdo sobre las semillas de sésamo y cubrir con ellas ambas caras. Calentar aceite en una sartén a fuego medio y freír el cerdo durante dos o tres minutos por cada lado. Servir con el puré y unas verduras al vapor. Para dos personas.
Nota: este plato resulta estupendo acompañado de los espárragos con mantequilla balsámica de la página 134.

ensalada de cordero, fideos y cacahuetes

200 g de fideos secos de celofán*
1 cucharada de aceite de chile*
1 diente de ajo picado
500 g de carne de cordero tierna cortada en tiras
150 g de tirabeques picados
1/2 pimiento rojo en tiras
3 cucharadas de salsa de soja
2 cucharadas de salsa de chile dulce
3 cucharadas de hojas de cilantro
50 g de cacahuetes tostados sin sal picados gruesos

Echar los fideos de celofán en un cuenco y cubrir con agua hirviendo. Dejarlos reposar durante cuatro minutos y escurrir. Calentar el aceite de chile en un *wok* o sartén a fuego fuerte. Echar el ajo y freír durante 30 segundos. Añadir el cordero y rehogar durante tres minutos hasta que esté bien hecho. Añadir los tirabeques y el pimiento y rehogar durante dos minutos. Después, agregar la salsa de soja y la de chile dulce y retirar del fuego. Mezclar el contenido de la sartén con los fideos, las hojas de cilantro y los cacahuetes. Poner en platos de servir y acompañar con unos gajos de lima. Para cuatro personas.

fideos *hokkien* con pollo y sésamo

chuletas de cerdo con puré de boniato y jengibre

lentejas con hojas de lima y chiles

ensalada de cordero, fideos y cacahuetes

codornices con salsa de soja

higos asados con haloumi

pasta con aceitunas y ajo

codornices con salsa de soja

2 cucharaditas de aceite de sésamo
4 codornices cortadas en cuartos
80 ml de salsa de soja con poca sal
80 ml de vino chino para cocinar* o jerez seco
2 cucharadas de salsa de ostras
2 cucharadas de azúcar moreno
6 chalotas cortadas en aros
150 g de setas *shiitake** cortadas en láminas
150 g de tirabeques cortados por la mitad
fideos para acompañar

Calentar el aceite en un *wok* o sartén a fuego fuerte. Añadir las codornices y rehogar durante cinco minutos hasta que estén bien doradas. Añadir la salsa de soja, el vino, la salsa de ostras y el azúcar y rehogar durante dos o tres minutos hasta que la salsa se haya reducido a la mitad.
Añadir las chalotas, las setas y los tirabeques a la sartén y rehogar durante otros dos minutos, hasta que estén tiernos. Servir las codornices sobre unos fideos fritos calientes. Para cuatro personas.

higos asados con haloumi

8 higos cortados por la mitad
4 lonchas largas de jamón serrano cortadas a lo largo
60 g de mantequilla
pimienta negra recién molida
8 lonchas de queso haloumi*
ensalada de hoja verde para acompañar

Precalentar el horno a 220 °C. Envolver cada mitad de higo con una tira de jamón, poner un poco de mantequilla por encima y espolvorear con pimienta.
Colocar las lonchas de haloumi en una fuente de horno y cubrir cada una con dos mitades de higo envueltas. Asar en el horno durante 12 minutos hasta que el jamón esté crujiente y los higos blandos. Colocar en un plato de servir y acompañar con una ensalada verde. Para cuatro personas.
Nota: también se puede adaptar esta receta a una tarta, para ello, colocar el haloumi y los higos envueltos, sin asar, en una base de masa quebrada (consultar la página 170) y meter en el horno durante 12 minutos. Acompañar con una ensalada de hoja verde.

pasta con aceitunas y ajo

450 g de pasta fresca* o seca
2 cucharadas de aceite de oliva
60 g de pan rallado
1 cucharada más de aceite de oliva
3 dientes de ajo cortados en láminas
2 cucharadas de hojas de romero
2 cucharaditas de corteza de limón rallada
150 g de aceitunas
pimienta negra recién molida
ensalada de hoja verde para acompañar

Echar la pasta en una cacerola de agua hirviendo y cocerla durante cuatro o cinco minutos (para la pasta fresca) o de ocho a doce minutos (para la pasta seca) hasta que esté *al dente* y escurrir.
Mientras se cuece la pasta, calentar el aceite en una sartén a fuego fuerte. Echar el pan rallado y tostarlo, removiéndolo durante dos o tres minutos hasta que esté dorado. Sacar y reservar. Limpiar la sartén con papel de cocina y calentar la cucharada extra de aceite de oliva. Echar el ajo y freír durante un minuto hasta que esté levemente dorado. Añadir el romero, limón, aceitunas y pimienta y rehogar durante dos o tres minutos hasta que estén calientes. Para servir, incorporar la mezcla de aceitunas a la pasta caliente y cubrir con el pan rallado. Acompañar con una ensalada verde. Para cuatro personas.
Nota: en lugar de cubrir con pan rallado, servir con los boniatos con sésamo de la página 134, como se muestra en la fotografía de portada.

tortilla de albahaca con salmón curado

4 huevos poco batidos
125 ml de leche
1/3 de taza (15 g) de albahaca picada
30 g de queso cheddar curado
pimienta negra recién molida
6-8 lonchas de *gravlax**

Poner los huevos, la leche, la albahaca, el cheddar y la pimienta en un cuenco y mezclar. Echar la mezcla en una sartén antiadherente de 20 cm y freír a fuego medio durante cuatro minutos hasta que la tortilla esté casi cuajada. Poner en un *grill* caliente durante un minuto hasta que esté dorada. Retirar de la sartén y cortar en triángulos. Cubrir con el salmón curado y servir. Para dos personas.

tortilla de albahaca con salmón curado

cerdo a la barbacoa en copas de lechuga

2 cucharaditas de aceite de sésamo
2 cucharadas de jengibre rallado
4 chalotas cortadas en aros
500 g de cerdo chino a la barbacoa* en rodajas
2 cucharadas de salsa *hoisin**
2 cucharadas de salsa de soja
brotes de alubias
copas de lechuga *iceberg*
más salsa *hoisin* para acompañar

Calentar el aceite en una sartén o *wok* a fuego medio o fuerte. Echar el jengibre y las chalotas y rehogar durante un minuto. Añadir el cerdo, la salsa *hoisin, la* salsa de soja y cocer durante tres minutos hasta que esté caliente.
Para servir, poner un montoncito de brotes de alubias en cada hoja de lechuga. Cubrir con la mezcla de cerdo a la barbacoa y acompañar con salsa *hoisin.* Para cuatro personas.

ensalada caliente de cerdo e hinojo

1 cucharada de aceite
650 g de filetes de cerdo limpios
4 bulbos pequeños de hinojo cortados en rodajas
250 ml de vino blanco seco
pimienta negra recién molida
2 cucharadas de hojas de romero
125 g de brotes de espinacas

Calentar el aceite en una sartén a fuego medio. Echar el cerdo y freír durante dos minutos por cada lado hasta que esté bien dorado. Sacar el cerdo de la sartén y reservar. Añadir el hinojo, el vino, la pimienta y el romero a la sartén. Tapar y cocer durante seis minutos. Cubrir el hinojo con el cerdo y cocer con la sartén tapada durante otros seis minutos o al gusto. Servir el cerdo en filetes con las espinacas, el hinojo y la salsa de la sartén. Para cuatro personas.

pescado frito con *harisa* y patatas cocidas con cilantro

4 filetes de 150 g cada uno de pescado blanco, como pez espada
2-3 cucharadas de *harisa**
1 cucharada de aceite
Para las patatas cocidas con cilantro
500 g de patatas adecuadas para cocer
2 dientes de ajo machacados
125 ml de yogur natural
2 cucharadas de menta picada
2 cucharadas de cilantro picado
pimienta negra recién molida y sal marina

Para preparar las patatas cocidas con cilantro, cortar las patatas por la mitad, echarlas en una cacerola con agua hirviendo y cocer durante 15 minutos hasta que estén blandas. Escurrir y dejar que enfríen ligeramente.
Mientras se cuecen las patatas, untar el pescado con la *harisa.* Calentar el aceite en una sartén antiadherente a fuego medio o fuerte. Freír el pescado durante dos o tres minutos por cada lado o al gusto. Mezclar el ajo, el yogur, la menta, el cilantro, la pimienta y la sal e incorporar la mezcla a las patatas. Poner en los platos y cubrir con el pescado frito con *harisa.* Para cuatro personas.
Nota: este plato es excelente con el puré de patatas y ajo asado de la página 134.

brochetas de cordero con miel

400 g de pierna o filetes de cordero sin grasa
2 cucharadas de miel
2 cucharaditas de corteza de limón rallada
1 cucharada de hojas de romero
pimienta negra recién molida
cuscús y brotes de espinacas para acompañar

Cortar el cordero en tiras o dados y pincharlos en la brocheta. Mezclar la miel, la corteza de limón, el romero y la pimienta y extender sobre las brochetas. Colocar en un *grill* precalentado y asar durante uno o dos minutos por cada lado o al gusto.
Servir las brochetas con cuscús y brotes de espinacas. Para dos personas.
Nota: estas brochetas también pueden servirse acompañadas de los boniatos con sésamo de la página 134.

cerdo a la barbacoa en copas de lechuga

pescado frito con *harisa* y patatas cocidas con cilantro

ensalada caliente de cerdo e hinojo

brochetas de cordero con miel

tartas de manzana

galletas con fresas caramelizadas

gofres con sirope de café y vainilla

tartas de manzana

2 láminas de masa de hojaldre preparada
2 manzanas rojas dulces
azúcar moreno

Precalentar el horno a 220 ºC. Dividir cada lámina en dos trozos, cortar tiras a un centímetro del borde y pegarlas sobre los bordes. Retirar los corazones de las manzanas y cortarlas en rodajas finas.
Poner la masa en bandejas de horno forradas con papel antiadherente de horno y cubrir la masa con una capa de manzana siguiendo una línea en el medio. Espolvorear las manzanas con azúcar moreno. Cocer en el horno durante 12 minutos hasta que la masa esté hinchada y dorada. Servir con nata espesa o helado. Para cuatro personas.

galletas con fresas caramelizadas

500 g de fresas
100 g de azúcar fino
4 galletas de buena calidad
nata espesa o helado para acompañar

Retirar los tallos de las fresas, lavarlas y escurrirlas. Poner el azúcar en un plato y pasar por él las fresas para que queden ligeramente recubiertas.
Calentar una sartén antiadherente a fuego fuerte. Cocer las fresas durante dos minutos hasta que estén calientes y el azúcar se haya disuelto. Sacar las fresas de la sartén y reservar. Cocer el almíbar restante durante dos minutos.
Para servir, colocar las galletas en los platos, cubrir con las fresas calientes y después, con la salsa de fresas también caliente, acompañar de nata espesa o helado. Servir inmediatamente. Para cuatro personas.

gofres con sirope de café y vainilla

8 gofres
nata espesa o helado de vainilla o café para acompañar
Para el sirope de café y vainilla
250 ml de café *espresso* recién hecho
160 g de azúcar fino
2 cucharaditas de extracto de vainilla

Para elaborar el sirope, echar el café, el azúcar y el extracto de vainilla en un cazo y remover a fuego lento hasta que el azúcar se haya disuelto. Subir el calor y cocer rápidamente durante ocho minutos hasta que el sirope se vuelva consistente.
Para servir, calentar o tostar los gofres y ponerlos en los platos. Cubrirlos con el sirope y acompañar con la nata espesa o el helado de vainilla o café. Para cuatro personas.

bizcochitos de chocolate

150 g de mantequilla
220 g de azúcar fino
80 g de cacao
2 huevos
125 g de harina
2 cucharaditas de levadura en polvo

Precalentar el horno a 180 ºC. Poner la mantequilla a temperatura ambiente y el azúcar en un cuenco y batir hasta que estén espumosos. Añadir el cacao, los huevos, la harina, la levadura y mezclar bien. Echar la mezcla en moldes pequeños antiadherentes para horno de 125 ml de capacidad cada uno. Cocer en el horno durante 10 o 12 minutos hasta que los bizcochitos estén hechos pero blandos en el centro. Volcar los moldes en platos y servir calientes con nata espesa o helado. Con estas cantidades salen nueve bizcochitos.

bizcochitos de chocolate

minutos

risotto

pizza

tempura

rollos de papel de arroz

sopa

tabulé

polenta

tortas de maíz

salsa verde

pollo al vapor

ensalada de pato y anís estrellado   rollos de papel de arroz con ternera y sésamo

ensalada *niçoise* de tallarines

ensalada de pato y anís estrellado

4 pechugas de pato limpias de grasa
80 ml de vino tinto
80 ml de caldo de pollo
2 anises estrellados*
6 chalotas cortadas en aros
175 g de verduras asiáticas para ensalada

Calentar una sartén a fuego fuerte, colocar en ella las pechugas de pato con la piel hacia abajo y freír durante 10 minutos hasta que la piel esté bien dorada y crujiente. Sacar el pato de la sartén y retirar la grasa que haya quedado. Echar el vino tinto, el caldo y los anises estrellados y cocer durante cinco minutos, hasta que el líquido se haya reducido a la mitad. Devolver el pato a la sartén, con el lado sin cocer hacia abajo, y dejarlo a fuego medio durante cuatro minutos.
Mezclar las chalotas y las verduras y ponerlas en platos. Cortar el pato en tiras y colocarlo sobre las verduras; regar con la salsa de la sartén como aliño caliente. Para cuatro personas.

rollos de papel de arroz con ternera y sésamo

1 cucharada de aceite
400 g de filetes de cadera de ternera
1 cucharada de aceite de sésamo
1 cucharada de salsa de soja
2 ramilletes de espinacas, sólo las hojas
2 cucharadas de semillas de sésamo
12 discos de papel de arroz*
100 g de brotes de tirabeques
salsa de soja para acompañar

Calentar el aceite en una sartén a fuego fuerte. Echar la carne y freírla durante dos o tres minutos por cada lado. Sacar y dejar enfriar durante dos minutos; después, cortar la carne en tiras y ponerla en un cuenco con el aceite de sésamo y la salsa de soja.
Echar las hojas de espinaca en una cacerola con agua hirviendo y cocerlas durante cinco segundos; después, escurrirlas y apretarlas para quitar el exceso de líquido. Picar las hojas gruesas y mezclarlas con las semillas de sésamo. Sumergir los discos de papel de arroz en agua caliente durante cinco o diez segundos. Retirarlos después y secarlos. Colocar la ternera, las espinacas y los brotes de tirabeques en el centro de los discos. Doblar un extremo sobre el relleno para formar una base y enrollar el disco desde el lateral para cerrar el rollo. Repetir con el resto de la mezcla y servir con más salsa de soja. Para cuatro personas.
Nota: los brotes de tirabeques pueden sustituirse por brotes de soja.

ensalada *niçoise* de tallarines

400 g de tallarines frescos
2 cucharadas de aceite de chile*
350 g de atún en rodajas
3 cucharadas de zumo de lima
2 cucharadas de aceite de oliva
1 diente de ajo machacado
6 anchoas picadas
200 g de judías verdes blanqueadas
100 g de aceitunas
3 cucharadas de perejil picado grueso

Echar la pasta en una cacerola grande con agua hirviendo a fuego fuerte y cocer hasta que esté *al dente.*
Mientras se cuece la pasta, calentar una sartén a fuego fuerte. Echar el aceite de chile y las rodajas de atún en la sartén y freír durante un minuto por cada lado. Retirarlo de la sartén y cortarlo en trozos. Poner la sartén a fuego lento, añadir el zumo de lima, el aceite de oliva, el ajo y las anchoas y cocer durante un minuto. Escurrir la pasta y ponerla en un cuenco con el atún, las judías, las aceitunas y el perejil. Regar con el aliño caliente de la sartén y mezclar todos los ingredientes. Para cuatro personas.

lentejas con panceta curada

1 cucharada de aceite
2 puerros picados
8 lonchas de panceta curada troceadas
400 g de lentejas
1'5 l de caldo de pollo o verduras
un poco más de panceta curada
pimienta negra recién molida y sal marina
gajos de limón para acompañar

Calentar el aceite en una cacerola a fuego medio. Echar los puerros y la panceta y rehogarlos durante tres minutos. Añadir las lentejas y el caldo a la cacerola y llevar a ebullición. Hervir la sopa durante 15 a 18 minutos hasta que las lentejas estén blandas.
Mientras el guiso cuece, colocar algunas lonchas de panceta bajo un *grill* caliente y asarla durante un minuto por cada lado hasta que esté crujiente. Sazonar el guiso con sal y pimienta y echarlo en cuencos.
Servir cubierto con la panceta crujiente y unos gajos de limón para exprimir encima de la sopa o una cucharada de nata. Para cuatro personas.
Nota: para utilizar un ingrediente distinto del pan, servir el guiso con la tostada de ajo de la página 126.

lentejas con panceta curada

tabulé de rúcula, pollo y piñones

langostinos fritos sobre espinacas con ajo

pollitos asados con dulce de membrillo y jamón serrano

tabulé de rúcula, pollo y piñones

175 ml de trigo bulgur para tabulé
375 ml de agua hirviendo
1 cucharada de aceite
3 filetes de pechuga de pollo
250 g de hojas de rúcula*
9 cucharadas de perejil picado
9 cucharadas de menta picada
200 g de tomates *cherry* cortados en cuartos
75 g de piñones tostados
3 cucharadas de zumo de limón
3 cucharadas de aceite de oliva
pimienta negra recién molida y sal marina
gajos de limón para acompañar

Mezclar el trigo y el agua hirviendo en un cuenco. Dejar reposar durante cinco minutos hasta que el trigo haya absorbido toda el agua y esté blando. Calentar el aceite en una sartén a fuego medio o fuerte. Echar el pollo en la sartén y freír durante cinco minutos por cada lado hasta que esté hecho, sacarlo y dejar que se enfríe.
Colocar el trigo, la rúcula, el perejil, la menta, los tomates y los piñones en un cuenco. Cortar el pollo en tiras y añadir a la ensalada. Mezclar el zumo de limón, el aceite de oliva, la pimienta y la sal e incorporar a la ensalada. Servir con gajos de limón. Para cuatro personas.

langostinos fritos sobre espinacas con ajo

12 langostinos
harina
15 g de hojas de salvia
aceite (poco) para freír
espinacas con ajo
650 g de espinacas
75 g de mantequilla
2 o 3 dientes de ajo picados
gajos de limón para acompañar

Para preparar las espinacas con ajo, desprender las hojas de los tallos y sumergirlas en una cacerola de agua hirviendo durante tres segundos. Escurrir para retirar el exceso de líquido y reservar. Quitar las cabezas de los langostinos, pelarlos y rebozarlos con la harina. Calentar una sartén a fuego medio o fuerte con un poco de aceite. Freír en ella los langostinos y, después, ponerlos sobre papel absorbente. Echar la salvia en el aceite y freír durante un minuto hasta que esté crujiente; sacar y escurrir. Para terminar, calentar la mantequilla y el ajo en una sartén a fuego medio y freír durante un minuto. Añadir las espinacas y rehogar. Cubrirlas con los langostinos y la salvia y acompañar con gajos de limón. Para cuatro personas.

pollitos asados con dulce de membrillo y jamón serrano

4 pollitos de unos 300 g cada uno
4 hojas de laurel
2 cucharaditas de semillas de hinojo
30 g de dulce de membrillo
16 lonchas de jamón serrano
4 puerros cortados por la mitad
aceite de oliva
pimienta negra recién molida y sal marina
250 ml de vino blanco seco
verduras al vapor o una ensalada verde

Precalentar el horno a 240 °C. Poner una hoja de laurel y algunas semillas de hinojo en el interior de cada pollito. Atar las patas con hilo y cubrir la pechuga de cada pollo con dulce de membrillo. Envolver los pollitos en las lonchas de jamón y remeter los extremos para asegurarlos.
Poner los puerros en una fuente de horno, añadir un poco de aceite de oliva y espolvorearlos con sal y pimienta. Echar el vino en la base de la fuente y cubrir los puerros con los pollos.
Asar durante 20 minutos hasta que los pollitos estén hechos. Servir con los puerros tostados y unas verduras al vapor o una ensalada verde. Para cuatro personas.

rollitos de primavera con atún, lima y salsa de soja

500 g de *sashimi* de atún*
1 cucharada de pasta *wasabi**
2 cucharadas de hojas de cilantro
2 cucharadas de perejil picado
8 láminas de masa para rollitos de primavera
aceite abundante para freír
2 cucharadas de zumo de lima
2 cucharadas de salsa de soja
ensalada de verduras asiáticas para acompañar

Para preparar los rollitos de primavera, cortar el atún en trozos de 2 cm de ancho y 10 cm de largo. Cubrir muy ligeramente cada trozo de atún con *wasabi* y pasar el atún por el cilantro y el perejil. Envolver cada trozo de atún con una lámina de masa, usando un poco de agua para cerrar los extremos.
Freír los rollos de primavera en abundante aceite caliente durante 30 o 45 segundos hasta que estén ligeramente dorados. Sacarlos y ponerlos sobre papel absorbente.
Mezclar el zumo de lima y la salsa de soja y echar en cuencos pequeños para acompañar los rollitos de atún, además de una ensalada de verduras asiáticas. Para cuatro personas.

rollitos de primavera con atún, lima y salsa de soja

berenjenas con tomate, albahaca y *risotto* de parmesano

filetes de cordero con especias y cuscús con cebolla

pollo con boniato asado

risotto de vino blanco con champiñones silvestres

berenjenas con tomate, albahaca y *risotto* de parmesano

2 berenjenas pequeñas • aceite de oliva
Para el risotto
625 ml de caldo de pollo o verduras • 500 ml de puré de tomate • 250 ml de buen vino tinto • 1 cucharada de aceite
• 450 g de arroz *arborio** • 4 cucharadas de albahaca picada
• 30 g de queso parmesano rallado • pimienta negra recién molida

Para preparar el *risotto,* echar el caldo, el puré de tomates y el vino en un cazo a fuego medio y llevar a ebullición. Calentar aceite en otra cacerola a fuego medio o fuerte. Echar el arroz y rehogarlo durante un minuto. Añadir la mezcla de caldo caliente, una taza cada vez, removiendo bien después de que el arroz la absorba. Seguir añadiendo caldo hasta que el arroz esté tierno y el *risotto,* cremoso. Mientras se prepara el *risotto,* cortar las berenjenas en rodajas y pintarlas bien con aceite. Ponerlas en una sartén precalentada a fuego fuerte y freírlas dos minutos por cada lado hasta que estén doradas; retirar y mantener calientes. Para servir, incorporar la albahaca, el parmesano y la pimienta al *risotto.* Colocar las rodajas de berenjena en los platos y cubrir con el *risotto.* Acompañar con una cucharada de requesón de cabra o queso mascarpone a un lado. Para cuatro personas.

pollo con boniatos asados

4 filetes de pechuga de pollo con piel • sal marina y pimienta
Para los boniatos asados
550 g de boniatos anaranjados pelados • 2 cucharadas de aceite • 1 diente de ajo machacado • 50 g de queso parmesano rallado • pimienta negra recién molida

Precalentar el horno a 220 °C. Para preparar los boniatos, cortarlos en rodajas finas con un pelador de verduras afilado. Mezclarlos con el aceite, el ajo, el parmesano y la pimienta y colocar en una fuente de horno forrada con papel de horno antiadherente. Asar en el horno durante 15 minutos.
Mientras se asan los boniatos, frotar la piel del pollo con sal y pimienta. Calentar una sartén a fuego fuerte y freír el pollo, con el lado de la piel hacia abajo, durante cuatro minutos. Dar la vuelta y freír durante otro minuto. Poner el pollo sobre los boniatos y asar durante cinco minutos más hasta que el pollo esté bien hecho y los boniatos, crujientes y dorados. Acompañar con verduras cocidas al vapor. Para cuatro personas.

filetes de cordero con especias y cuscús con cebolla

200 g de cuscús • 300 ml de caldo hirviendo de pollo o verduras • 2 cucharadas de aceite • 2 cebollas cortadas en rodajas • 1 cucharada de hojas de tomillo
Para el cordero con especias
1 cucharada de comino molido • 1 cucharadita de chile molido
• 1 cucharada de pimentón • 500 g de filetes de cordero limpios • 1 cucharada de aceite • unas hojas de rúcula* para acompañar

Para preparar el cuscús con cebolla, echarlo junto con el caldo hirviendo en un cuenco, cubrir con plástico y dejarlo reposar durante cinco minutos hasta que el cuscús absorba todo el líquido. Calentar el aceite en una sarten a fuego medio. Echar la cebolla y el tomillo y rehogar entre cinco y siete minutos hasta que la cebolla esté bien dorada. Mezclar el comino, el chile y el pimentón y pasar los filetes de cordero por la mezcla. Calentar una sartén con la cucharada extra de aceite a fuego medio o fuerte. Echar el cordero a la sartén y freír durante un minuto y medio o dos minutos por cada lado.
Echar el cuscús en la sarten con las cebollas y calentarlo. Cortar el cordero en tiras y servir con el cuscús y las hojas de rúcula. Para cuatro personas.

risotto de vino blanco con champiñones silvestres

4 champiñones silvestres grandes • aceite • pimienta negra recién molida
Para el risotto de vino blanco
1 l de caldo de verduras o pollo • 375 ml de buen vino blanco
• 2 cucharadas de aceite • 1 puerro picado
• 450 g de arroz *arborio** • 3 cucharadas de zumo de limón
• 4 cucharadas de albahaca picada • 50 g de queso parmesano rallado • 4 champiñones para acompañar

Para preparar el *risotto,* echar el caldo y el vino en un cazo a fuego medio y llevar a ebullición. Echar el aceite en otra cacerola a fuego medio. Añadir el puerro y el arroz y rehogar durante dos minutos. Añadir la mezcla de caldo, una taza de cada vez, removiendo frecuentemente hasta que el arroz absorba el caldo. Seguir añadiendo caldo y removiendo hasta que se acabe y el arroz esté *al dente* y cremoso. Mientras se prepara el *risotto,* pintar los champiñones con aceite y espolvorearlos con pimienta. Ponerlos bajo un *grill* caliente precalentado y asarlos durante cinco minutos hasta que estén blandos. Para servir, incorporar el zumo de limón, la albahaca y el parmesano al *risotto* y ponerlo en cuencos; cubrir el contenido de cada uno con un champiñón. Para cuatro personas.

pasteles de espinacas y ricotta

250 g de hojas de espinaca
300 g de queso ricotta*
1 huevo
25 g de queso parmesano rallado
2 cucharadas de eneldo picado
pimienta negra recién molida
2 láminas de masa de hojaldre preparada
ensalada verde para acompañar

Precalentar el horno a 220 °C. Echar las espinacas en una cacerola de agua hirviendo durante cinco segundos y pasarlas bajo el grifo de agua fría. Escurrirlas para retirar el exceso de líquido y picarlas gruesas. Mezclar las espinacas con el ricotta, el huevo, el parmesano, el tomillo y la pimienta.
Cortar cada lámina de masa a la mitad. Poner el relleno en una mitad de cada trozo y envolverlo, presionando los bordes juntos para que se cierren.
Poner los pasteles en una bandeja de horno forrada y cocerlos durante 15 minutos hasta que estén dorados. Acompañar con una ensalada verde. Para cuatro personas.
Nota: acompañar con la ensalada de tomates asados de la página 134.

calabaza con *risotto* de feta

500 g de calabaza pelada y troceada
aceite
sal marina y pimienta negra recién molida
Para el risotto *de feta*
1'5 l de caldo de pollo o verduras
1 cucharada de aceite
450 g de arroz *arborio**
3 cucharadas de cebollino picado
25 g de queso parmesano rallado
pimienta negra recién molida
150 g de queso feta marinado en aceite

Precalentar el horno a 220 °C. Poner la calabaza en una fuente de horno y mezclarla con aceite, sal y pimienta. Asar durante 20 minutos hasta que esté blanda.
Para preparar el *risotto,* echar el caldo en un cazo a fuego medio y llevar a ebullición. Echar el aceite en otra cacerola a fuego medio, añadir el arroz y rehogar durante un minuto. Añadir el caldo, una taza de cada vez, y remover hasta que el arroz lo absorba. Seguir añadiendo hasta utilizar todo el caldo y que el arroz esté cremoso.
Para servir, incorporar al *risotto* las cebolletas, el parmesano, la pimienta y la calabaza; cubrir con el queso feta y el aceite. Para cuatro personas.
Nota: acompañar con la ensalada de lechuga *iceberg* de la página 134.

pollo asado con aceitunas, limón y alcaparras

200 g de tomates *cherry* cortados por la mitad
50 g de aceitunas pequeñas
2 cucharaditas de corteza de limón rallada
2 cucharadas de alcaparras saladas y escurridas
2 cucharadas de aceite de oliva
pimienta negra recién molida y sal
2 filetes de pechuga de pollo
patatas cocidas o verduras para acompañar

Precalentar el horno a 220 °C. Mezclar los tomates, las aceitunas, la corteza de limón, las alcaparras, el aceite, la pimienta y la sal y poner en el fondo de una fuente de horno. Cubrir con el pollo y regar éste con una parte de la mezcla de aceitunas. Meter en el horno y asar, dándole la vuelta una vez, durante 20 minutos hasta que el pollo esté hecho. Acompañar con patatas cocidas con mantequilla y sal o verduras. Para dos personas.

trucha con puré de apio nabo

2 cucharadas de sal marina gruesa
2 cucharaditas de pimienta negra recién molida
2 cucharaditas de bayas de enebro*
2 cucharadas de aceite
2 truchas de río pequeñas
Para el puré de apio nabo
3 patatas peladas y picadas
250 g de apio nabo pelado y picado
leche
60 g de mantequilla
sal marina
gajos de limón y ensalada verde para acompañar

Para preparar el puré de apio nabo, echar las patatas y el apio nabo en un cazo y cubrir con leche. Ponerlo a fuego medio o fuerte y dejar hervir suavemente durante ocho minutos, hasta que las hortalizas estén blandas.
Mientras se cuece el puré, mezclar la sal gruesa, la pimienta y las bayas de enebro y frotar la piel de las truchas con la mezcla. Calentar el aceite en una sartén a fuego fuerte. Echar el pescado y freír durante cuatro o cinco minutos por cada lado hasta que la piel esté crujiente y la carne tierna.
Para terminar el puré, sacar las hortalizas y reservar la leche caliente. Añadir la mantequilla y la sal a las patatas y el apio nabo y aplastar junto con algo de la leche de cocción hasta que esté fino.
Poner el puré en los platos y cubrir con la trucha. Servir acompañado de unos gajos de limón y una ensalada verde sencilla. Para cuatro personas.

pasteles de espinacas y ricotta

calabaza con *risotto* de feta

pollo asado con aceitunas, limón y alcaparras

trucha con puré de apio nabo

95

vieiras fritas con *risotto* de limón y espinacas

costillas de cerdo cocidas y asadas

filetes de cerdo con manzanas y azúcar moreno

vieiras fritas con *risotto* de limón y espinacas

1 cucharada de aceite
pimienta negra recién molida y sal marina
16 vieiras retiradas de la concha
Para el risotto *de limón y espinacas*
1'5 l de caldo de verduras
2 cucharadas de aceite
450 g de arroz *arborio**
2 cucharaditas de corteza de limón rallada
200 g de brotes de espinacas
pimienta negra recién molida y sal marina
virutas de queso parmesano y gajos de limón para acompañar

Para preparar el *risotto* de limón y espinacas, echar el caldo en un cazo a fuego medio o fuerte y llevar a ebullición; bajar el fuego y dejar que cueza lentamente.
Calentar el aceite en otra cacerola a fuego medio o fuerte. Echar el arroz y rehogar durante un minuto. Añadir el caldo, dos tazas de cada vez, removiendo frecuentemente y dejando que cueza hasta que el arroz absorba el caldo. Seguir añadiendo tazas de caldo y removiendo hasta que todo el caldo se haya absorbido y el arroz esté tierno. Sazonar con sal y pimienta y mantener caliente el *risotto*.
Calentar el aceite en una sartén a fuego fuerte. Espolvorear las vieiras con pimienta y sal. Ponerlas en la sartén y freírlas durante 20 o 30 segundos hasta que estén doradas. Para servir, incorporar la corteza de limón y las espinacas al *risotto* y poner en los platos. Cubrir con las vieiras y acompañar con gajos de limón y virutas de parmesano. Para cuatro personas.

costillas de cerdo cocidas y asadas

8 costillas de cerdo cortadas por la mitad
2 cucharadas de salsa de soja
3 cucharadas de salsa *hoisin**
1 cucharada de salsa de chile
1 cucharada de azúcar moreno
verduras cocidas para acompañar

Precalentar el horno a 220 °C. Colocar las costillas de cerdo en la base de una vaporera de bambú y cocer al vapor sobre una cacerola de agua hirviendo durante seis minutos. Mientras las costillas se cuecen, mezclar la salsas de soja, chile, *hoisin* y el azúcar. Poner las costillas en una rejilla con una bandeja de horno debajo y pintar los dos lados con la salsa. Meter en el horno y asar durante 10 minutos. Pintar las costillas con más salsa, darles la vuelta y asarlas durante otros 10 minutos. Acompañar las costillas con verduras cocidas al vapor. Para cuatro personas.
Nota: para una receta fácil de verduras con salsa de ostras, consultar la página 134.

filetes de cerdo con manzanas y azúcar moreno

4 filetes de cerdo de 1 o 2 cm de grosor
2 cucharadas de aceite de oliva
2 cucharadas de vinagre balsámico
2 cucharadas de salvia picada
Para las manzanas y el azúcar moreno
2 manzanas rojas pequeñas y dulces cortadas en rodajas
4 cucharadas de azúcar moreno
1 cucharada de mantequilla
verduras cocidas para acompañar

Poner el cerdo en un plato llano con el aceite, el vinagre y la salvia y reservar.
Para preparar las manzanas, pasar las rodajas por el azúcar moreno. Calentar una sartén grande a fuego medio o fuerte. Echar mantequilla y las rodajas de manzana y freír durante dos o tres minutos por cada lado; mantener calientes. Calentar una sartén a fuego fuerte. Echar el cerdo en la sartén sin la marinada y freír de tres a cinco minutos por cada lado o al gusto. Servir el cerdo con las manzanas y unas verduras cocidas al vapor. Para cuatro personas.

tortas de maíz con ensalada de jamón serrano

2 mazorcas de maíz
125 g de harina
2 huevos
3 cucharadas de cilantro picado
1 cucharadita de comino molido
1 cucharadita de levadura en polvo
una pizca de sal marina
aceite
Para la ensalada de jamón serrano
125 g de brotes de espinacas o de hojas de rúcula*
150 g de tomates semisecos con aceite
12 lonchas de jamón serrano
pimienta negra recién molida

Echar el maíz en una cacerola con agua hirviendo y cocerlo hasta que esté tierno. Retirar los granos de la mazorca. Poner la harina, los huevos, el cilantro, el comino, la levadura y la sal en un robot de cocina o una batidora y batir bien hasta que los ingredientes se mezclen. Añadir el maíz y batir hasta que esté picado grueso.
Extender dos o tres cucharadas de la mezcla en una sartén caliente y engrasada y freír durante tres minutos por cada lado hasta que la torta esté dorada. Retirar, mantener caliente y repetir el proceso con el resto de la mezcla.
Para servir, poner una torta de maíz en cada plato y cubrir con las espinacas o la rúcula, los tomates, el jamón y la pimienta. Salpicar con el aceite de los tomates y cubrir con otra torta de maíz. Servir inmediatamente. Para cuatro personas.

tortas de maíz con ensalada de jamón serrano

polenta con queso azul y ternera con vino

500 ml de agua caliente
500 ml de leche
150 g de polenta instantánea
60 g de mantequilla
pimienta negra recién molida y sal marina
150 g de queso azul fuerte y blando
ternera con vino
1 cucharada de aceite
4 filetes de ternera
175 ml de vino tinto
175 ml de caldo de ternera

Echar el agua y la leche en una cacerola y llevar a ebullición. Retirar del fuego e incorporar la polenta removiendo despacio. Poner la cacerola a fuego lento y remover durante tres minutos hasta que la polenta esté blanda y cremosa. Añadir la mantequilla, la pimienta y la sal, remover y mantener caliente.
Para preparar la ternera con vino, calentar el aceite en una sartén a fuego medio o fuerte. Poner los filetes en la sartén y freír durante tres o cuatro minutos por cada lado. Retirarlos de la sartén, cubrirlos y mantenerlos calientes. Echar el vino y el caldo en la sartén y cocer hasta que se reduzcan a la mitad.
Para servir, poner una cucharada grande de polenta en cada plato, cubrir con el queso azul y añadir los filetes y la salsa de la sartén. Para cuatro personas.

ensalada tailandesa de pollo

1 cucharada de aceite
1 cucharada de jengibre picado
1 tallo de citronela* picada
3 chiles rojos picados
500 g de pechuga de pollo picada
3 cucharadas de zumo de limón
1 cucharada de salsa de pescado*
1 cebolla roja cortada en aros finos
250 ml de hojas de cilantro
2 cucharadas de albahaca picada
lechuga para acompañar

Calentar el aceite en una sartén a fuego fuerte. Echar el jengibre, la citronela y los chiles y rehogar un minuto. Añadir el pollo y freír, removiendo bien para deshacer los grumos, durante cinco minutos hasta que el pollo esté hecho. Retirar el pollo del fuego y dejar enfriar ligeramente. Mezclar el zumo de limón y la salsa de pescado y regar con ellos el pollo. Añadir la cebolla, el cilantro y la albahaca. Servir la ensalada en cuencos individuales con hojas frescas de lechuga para acompañar. Para cuatro personas.

salmón asado con salsa verde

4 trozos de filete de salmón de unos 150 g cada uno
Para la salsa verde
4 cucharadas de eneldo picado
4 cucharadas de perejil picado
4 cucharadas de menta picada
2 dientes de ajo cortados en láminas
1 cucharada de mostaza de Dijon
8 filetes de anchoa
3 cucharadas de alcaparras saladas y escurridas
80 ml de aceite de oliva
2 cucharadas de zumo de limón
verduras cocidas al vapor para acompañar

Precalentar el horno a 200 ºC. Para preparar la salsa verde, echar el eneldo, el perejil, la menta, el ajo, la mostaza, las anchoas y las alcaparras en un robot de cocina y batir hasta que quede un puré fino. A continuación, añadir el aceite de oliva y el zumo de limón y volver a batir hasta que se mezclen. Poner el salmón en una fuente de horno y extender por encima la salsa verde. Asar entre seis y diez minutos, hasta que el salmón esté medio hecho. Acompañar con verduras cocidas al vapor. Para cuatro personas.

costillar de cordero con picadillo de limones en conserva

500 g de patatas nuevas pequeñas
sal marina
aceite de oliva
1 costillar de cordero con 12 chuletas
Para la gremolata
2 dientes de ajo machacados
15 g de perejil de hoja plana picado
1'5 cucharadas de corteza de limones en conserva* picada
2 cucharadas de aceite de oliva
verduras cocidas al vapor para acompañar

Precalentar el horno a 220 ºC. Colocar las patatas en una fuente con sal y aceite de oliva. Meter la fuente en el horno y asar durante 15 minutos. Retirar el exceso de grasa del cordero. Calentar una sartén a fuego fuerte, echar el cordero y freírlo durante tres minutos. Sacar de la sartén y reservar. Para la *gremolata,* mezclar el ajo, el perejil, la corteza de limón y el aceite. Extender el picadillo sobre el cordero y ponerlo en la fuente con las patatas. Asar 12 a 15 minutos hasta que el cordero esté al gusto. Para servir, poner las patatas en los platos, cortar el costillar en chuletas y acompañar con unas verduras cocidas al vapor. Para cuatro personas.
Nota: quizá haya que proteger el picadillo del calor con un poco de papel de aluminio para que no se queme, dependiendo de cuánto tiempo se ase el cordero.

polenta con queso azul y ternera con vino

salmón asado con salsa verde

ensalada tailandesa de pollo

costillar de cordero con picadillo de limones en conserva

pollo al vapor con citronela y rollos de arroz

pollo al vapor
con citronela y rollos
de arroz

4 tallos de citronela* cortados por la mitad a lo largo
3 filetes de pechuga de pollo cortados por la mitad a lo largo
1 cucharada de aceite de sésamo
2 chiles rojos sin semillas y picados
1 ramillete de *gai larn* (brécol chino) cortado por la mitad
300 g de rollos de arroz
salsa de soja para acompañar

Poner la citronela en la base de una vaporera de bambú. Cubrir con el pollo, pintar el pollo con aceite de sésamo y espolvorearlo con los chiles. Poner la tapa a la vaporera y colocarla sobre una cacerola de agua hirviendo durante tres minutos.
Mientras el pollo se cuece, poner el *gai larn* y los rollos de arroz en otra vaporera de bambú del mismo tamaño. Colocar la vaporera con los rollos de arroz sobre la vaporera del pollo y tapar. Hervir durante otros cinco minutos hasta que el pollo y la verdura estén tiernos. Acompañar con cuencos de salsa de soja y gajos de lima. Para cuatro personas.

tempura de pescado
y ensalada de chiles

masa para tempura (consultar la página 165)
2 pescados pequeños, como pargos, limpios de escamas
  y tripas
harina para rebozar
aceite para freír
Para la ensalada de chiles
2 chiles grandes, rojos y suaves, sin semillas y cortados
  en rodajas
1/2 pepino cortado en rodajas muy finas
1/2 cebolla roja cortada en rodajas
2 cucharadas de cilantro picado
2 cucharadas de menta picada
1 cucharada de zumo de limón
1 cucharada de salsa de soja

Para preparar la ensalada de chiles, mezclar los chiles con el pepino, la cebolla, el cilantro, la menta, el limón y la salsa de soja, y reservar.
Para preparar la tempura de pescado, rebozar ligeramente el pescado en harina y sacudirlo para retirar el exceso. Pasar el pescado por la masa para tempura y echarlo en un *wok* con aceite caliente a fuego fuerte o medio. Freír durante cinco minutos por cada lado hasta que esté dorado y crujiente. Retirarlo, ponerlo sobre papel absorbente y servir con la ensalada de chiles. Para cuatro personas.

polenta con parmesano
y verduras asadas con ajo

500 ml de agua caliente
500 ml de leche
150 g de polenta instantánea
30 g de queso parmesano rallado
60 g de mantequilla
pimienta negra recién molida y sal marina
Para las verduras asadas con ajo
125 ml de aceite de oliva
3 dientes de ajo picados
pimienta negra recién molida y sal marina
2 pimientos cortados por la mitad
2 calabacines cortados por la mitad
2 corazones de *radicchio** cortados por la mitad

Echar el agua y la leche en un cazo y llevar a ebullición. Retirar del fuego e incorporar despacio la polenta. Devolver al fuego y remover durante tres minutos hasta que la polenta esté blanda y cremosa. Añadir el parmesano, la mantequilla, la pimienta y la sal, remover y mantener caliente.
Para preparar las verduras asadas con ajo, mezclar el aceite, el ajo, la pimienta y la sal. Cubrir bien las verduras con la mezcla, ponerlas en un *grill* precalentado y asar durante dos o tres minutos por cada lado hasta que estén doradas. Servir las verduras con la polenta con parmesano. Para cuatro personas.

cerdo rehogado con *shiitake*

2 cucharaditas de aceite de sésamo
2 cucharaditas de aceite
2 cucharadas de jengibre rallado
2 dientes de ajo cortados en láminas
500 g de filetes de cerdo cortados en tiras
harina de maíz
200 g de setas *shiitake** frescas
125 ml de vino chino para cocinar* o jerez
3 cucharadas de salsa de soja
8 *bok choy** pequeños con las hojas separadas
chile picado para acompañar

Calentar los aceites en un *wok* o sartén a fuego fuerte. Echar el jengibre y el ajo y rehogar durante un minuto. Pasar ligeramente el cerdo por la harina de maíz y sacudirlo para retirar el exceso. Echar el cerdo en la sartén y freír durante cuatro minutos.
Añadir las setas, el vino, la salsa de soja y los *bok choy* a la sartén y rehogar durante tres o cuatro minutos hasta que las setas y los *bok choy* estén tiernos. Acompañar con arroz y cuencos individuales de chile picado a un lado. Para cuatro personas.

tempura de pescado y ensalada de chiles   polenta con parmesano y verduras asadas con ajo

cerdo rehogado con *shiitake*

pollo cocido en caldo de jengibre

1'25 l de caldo de pollo
2 cucharadas de jengibre rallado
2 raíces de cilantro
350 g de boniatos pelados y cortados en rodajas
4 filetes de pechuga de pollo cortados por la mitad a lo largo
3 chalotas en rodajas

Echar el caldo de pollo, el jengibre y las raíces de cilantro en una sartén honda, a fuego medio o fuerte, y dejar que hiervan rápidamente durante dos minutos.
Añadir el boniato y cocer durante cuatro minutos. Agregar el pollo y cocer durante otros cinco minutos el conjunto.
Para servir, colocar todo en los platos y verter encima el caldo de jengibre. Poner por encima las chalotas y servir.
Para cuatro personas.

pizza con tomate, aceitunas y romero

masa (consultar la página 179) o 4 bases de pizza preparadas
aceite
6 *bocconcini** cortados en rodajas
300 g de tomates *cherry* cortados por la mitad
4 cucharadas de aceitunas pequeñas
4 cucharadas de alcaparras
2 cucharadas de romero
12 lonchas de jamón serrano
pimienta negra recién molida
ensalada verde para acompañar

Precalentar el horno a 220 ºC. Meter en el horno dos bandejas adecuadas al tamaño de las pizzas para que se calienten. Si se usa masa fresca, dividirla en cuatro trozos y extenderla con un rodillo en una superficie espolvoreada con harina hasta que tenga 2 o 3 mm de grosor.
Poner las bases de pizza sobre papel de horno antiadherente y pintarlas bien con aceite. Cubrir con los *bocconcini,* los tomates, las aceitunas, las alcaparras, el romero, el jamón y la pimienta.
Colocar las pizzas sobre las bandejas calientes y meterlas en el horno durante 15 minutos, hasta que estén doradas.
Acompañar con una ensalada verde. Para cuatro personas.
Nota: esta receta también puede prepararse con una base de tarta. Poner los ingredientes en una base previamente horneada de pimienta y mostaza o parmesano (consultar la página 173) y cocer de 10 a 15 minutos.

ternera con calabaza

8 o 10 trozos de calabaza
3 chirivías peladas y cortadas por la mitad
2 cucharadas de aceite
sal marina y pimienta negra recién molida
600 g de costillar de ternera sin hueso
1 ramillete de tomillo limonero

Precalentar el horno a 220 ºC. Colocar la calabaza, las chirivías, el aceite, la sal y la pimienta en una fuente de horno y mezclar bien. Meter en el horno y cocer durante 15 minutos.
Mientras tanto, calentar una sartén a fuego fuerte. Echar la carne y freír durante un minuto por cada lado hasta que esté bien dorada. Poner el tomillo limonero en la base de la fuente de horno con la calabaza y colocar la carne sobre el tomillo. Volver a meterlo en el horno y asar durante 15 minutos, hasta que la carne esté hecha al gusto y la calabaza esté blanda y dorada. Para cuatro personas.

sándwiches de ternera con ajo asado

1 cucharada de aceite
1 cebolla cortada en aros
8 rodajas gruesas de tomate
8 filetes finos de ternera
8 rebanadas de pan de molde tostado
Para el ajo asado
2 cabezas de ajos cortadas por la mitad
aceite de oliva
sal marina

Precalentar el horno a 240 ºC. Para asar los ajos, ponerlos en una fuente pequeña, aliñarlos con aceite y espolvorearlos con pimienta. Cubrir y asar durante 20 minutos hasta que estén blandos. Mientras se asan, calentar el aceite en una sartén antiadherente a fuego fuerte. Echar la cebolla y freír durante tres o cuatro minutos hasta que esté dorada; retirarla y reservar.
Poner las rodajas de tomate en la sartén y freír durante dos minutos por cada lado hasta que estén doradas; retirarlas y reservar.
Echar los filetes en la sartén y freírlos durante un minuto por cada lado o al gusto. Sacarlos y devolver la cebolla y el tomate a la sartén para recalentarlos.
Poner la cebolla, el tomate y los filetes sobre la mitad de las rebanadas de pan. Untar el pan restante y los filetes con el ajo tostado y servir. Para cuatro personas.

pollo cocido en caldo de jengibre

ternera con calabaza

pizza con tomate, aceitunas y romero

sándwiches de ternera con ajo asado

postre de ciruelas

galletas de parmesano

fruta asada con azúcar

postre de ciruelas

125 g de mantequilla
110 g de azúcar fino
2 huevos
1 cucharadita de extracto de vainilla
75 g de almendras en polvo
40 g de harina
4 ciruelas sin hueso

Precalentar el horno a 200 °C. Poner la mantequilla a temperatura ambiente y el azúcar en un robot de cocina y batir hasta que resulte una masa fina. Añadir los huevos, la vainilla, las almendras y la harina y batir sólo hasta que se mezclen.
Poner cada ciruela en un cuenco individual refractario y echar la mezcla de almendras alrededor. Meter en el horno durante 15 o 20 minutos hasta que el relleno esté inflado y dorado. Para cuatro personas.

galletas de parmesano

125 g de mantequilla
125 g de harina
30 g de queso parmesano rallado
1 cucharadita de pimienta negra recién molida
queso y dulce de membrillo para acompañar

Precalentar el horno a 170 °C. Echar la mantequilla, la harina, el parmesano y la pimienta en un robot de cocina y batir hasta que se forme una masa fina.
Poner unas cucharadas de la mezcla en unas fuentes forradas con papel de horno antiadherente y cocer durante 15 o 20 minutos hasta que estén ligeramente doradas por la base.
Dejar enfriar sobre una rejilla. Se pueden servir con queso y dulce de membrillo, como postre. Salen 16 galletas.

fruta asada con azúcar

2 nectarinas o 2 melocotones cortados por la mitad
4 ciruelas cortadas por la mitad
2 cucharadas de azúcar
nata espesa o helado de vainilla para acompañar

Precalentar el horno a 220 °C. Colocar las nectarinas o los melocotones y las ciruelas en una fuente de horno forrada con papel antiadherente. Espolvorear la fruta con azúcar y meter en el horno durante 20 minutos hasta que el azúcar esté dorado. Servir la fruta con nata espesa o helado de vainilla. Para cuatro personas.

sándwiches de *panettone*, ricotta y pasas

80 ml de vino marsala
4 cucharadas de uvas pasas sin semillas
8 rebanadas de *panettone*
100 g de queso ricotta* fresco
azúcar glas

Echar el vino en un cazo, ponerlo a fuego medio y llevarlo a ebullición. Añadir las pasas, retirar el cazo del fuego y dejar reposar hasta que éstas hayan absorbido el vino.
Cubrir la mitad de las rebanadas de *panettone* con pasas, poner encima el ricotta y terminar con otra rebanada. Espolvorear el pan con azúcar glas, colocar los sándwiches en una parrilla precalentada y tostar durante un minuto por cada lado hasta que estén dorados. Acompañar con un buen vino o licor de postre. Para cuatro personas.
Nota: servir con el café con vainilla de la página 118.
En vez del ricotta, también se puede emplear requesón o queso cottage.

sándwiches de *panettone,* ricotta y pasas

arroz de coco con sirope de lima

220 g de arroz de grano largo
625 ml de agua
175 ml de crema de coco
2 cucharadas de azúcar
Para el sirope de lima
3 cucharadas de azúcar de palma* moreno
125 ml de agua
60 ml de zumo de lima
1 cucharada de corteza de lima rallada
crema helada de coco para acompañar

Poner el arroz en un escurridor y lavarlo bien. Echar el arroz y el agua en una cacerola a fuego medio o fuerte y llevar a ebullición. Hervir rápidamente durante 10 minutos hasta que el arroz haya absorbido casi toda el agua. Añadir la crema de coco y el azúcar, tapar la cacerola y poner a fuego muy lento durante cinco minutos.

Mientras se prepara el arroz, echar el azúcar de palma, el agua, el zumo y la corteza en un cazo pequeño a fuego medio o lento y cocer durante cuatro minutos hasta que tenga consistencia de sirope. Para servir, poner el arroz de coco en cuencos y echar por encima el sirope. Acompañar con crema de coco helada. Para cuatro o seis personas.

tortitas con corteza de canela

masa para tortitas (consultar la página 164)
125 g de azúcar
1 cucharada de canela molida
60 g de mantequilla derretida

Preparar la masa para tortitas según la página 164. Poner en una sartén antiadherente dos o tres cucharadas de masa, a fuego medio, hasta que la tortita esté esponjosa y dorada por los dos lados. Sacar la tortita de la sartén, reservar y repetir con el resto de la masa.

Mezclar el azúcar y la canela en un plato llano. Pintar ligeramente ambos lados de la tortita con la mantequilla derretida y después presionar la tortita ligeramente sobre la mezcla de azúcar, también por los dos lados.

Freír la tortita en una sartén antiadherente a fuego fuerte durante 45 segundos por cada lado hasta que el azúcar se haya derretido y caramelizado. Sacar a un plato y mantener caliente.

Servir las tortitas en un montoncito con un cuenco de helado aparte. Para cuatro o seis personas.

tartaletas de coco y chocolate

2 claras de huevo
125 g de azúcar
180 g de coco rallado
Para el relleno
300 ml de nata
300 g de buen chocolate negro troceado
café o frutas del bosque para acompañar

Precalentar el horno a 180 ºC. Echar las claras de huevo, el azúcar y el coco en un cuenco y mezclarlos. Con las manos húmedas o una cuchara, presionar la mezcla de coco en ocho moldes pequeños y profundos, de 175 ml de capacidad, cubriendo la base y los lados para formar una tartaleta. Meter en el horno precalentado y cocer entre ocho y diez minutos, hasta que las tartaletas empiecen a tomar un color dorado claro. Dejar enfriar las tartaletas durante un minuto; después, retirarlas con cuidado del molde y ponerlas sobre una rejilla.

Preparar el relleno mientras se cuecen las bases. Echar la nata en un cazo a fuego medio y calentar hasta que esté a punto de hervir. Retirar la nata del fuego. Añadir el chocolate troceado y remover hasta que se deshaga y el relleno sea fino.

Verter el relleno de chocolate en las tartaletas de coco y meter en el congelador durante unos 10 minutos hasta que el relleno de chocolate esté solidificado. Acompañar con café o frutas del bosque como postre. Salen ocho tartaletas.

pastelillos de queso y fruta de la pasión

4 galletas de mantequilla
Para la cobertura
250 g de queso ricotta*
250 g de queso cremoso troceado
2 huevos
125 g de azúcar
2 cucharadas de zumo de lima
150 ml de pulpa de fruta de la pasión

Precalentar el horno a 160 ºC. Poner cada galleta de mantequilla en la base de cuatro cuencos. Echar el ricotta, el queso cremoso, los huevos, el azúcar y el zumo de lima en un robot de cocina y batir hasta que la mezcla esté fina. Incorporar la pulpa de fruta de la pasión y echar la mezcla en cada cuenco. Cocer en el horno durante 15 minutos hasta que la cobertura esté cuajada. Servir calientes o fríos. Para cuatro personas.

arroz de coco con sirope de lima

tartaletas de coco y chocolate

tortitas con corteza de canela

pastelillos de queso y fruta de la pasión

aperitivos
+
tentempiés

para la mañana

sándwich de desayuno

avena con leche y frutas

rosquillas con azúcar y canela tostadas

para la mañana

espinacas blanqueadas y espolvorear con sal marina y pimienta negra recién molida. Romper un huevo en el centro de las espinacas y asar en el horno precalentado a 180 ºC de 12 a 16 minutos, según cómo se quiera que quede la yema. Acompañar con tostadas calientes con mantequilla. También pueden añadirse unos champiñones salteados o unas tiras de queso cheddar curado en los cuencos, junto con las espinacas.

sándwich de desayuno

Prepare un sándwich con beicon crujiente, tomate asado cortado en rodajas, brotes de espinacas y queso cheddar curado. Meterlo todo entre rebanadas de pan tostado firme. Envolver en servilletas y servir acompañado con zumos frescos y café.

avena con leche y frutos del bosque

Cubrir los copos de avena recién cocidos en leche hirviendo con arándanos y frambuesas congelados (pueden adquirirse en algunos colmados de *delicatessen*), espolvorear con azúcar moreno y verter leche alrededor del borde del cuenco. Las frutas se descongelarán enseguida y la avena tendrá la temperatura justa para tomarla.

rosquillas con azúcar y canela

Son un desayuno muy urbano. Poner unas rosquillas ya preparadas con azúcar y canela en una sartén y cubrir con un plato. Tostar durante dos minutos por cada lado hasta que el azúcar se haya caramelizado y la rosquilla esté tostada y crujiente. Se recomienda tomarlas con un café fuerte antes de afrontar un nuevo día.

granizados de melón y coco

Son el modo perfecto de permanecer fresco en una cálida mañana de verano. Mezclar melón cantalupo —o de una variedad parecida— troceado con unas hojas de menta, una cucharada de crema de coco y abundante hielo hasta que quede un granizado fino. Servir en vasos grandes y altos.

huevos al horno

Son sencillos de preparar y deliciosos. Forrar unos cuencos pequeños con brotes de

muesli empapado

Si se organiza uno bien, el *muesli* empapado es muy fácil de hacer. La tarde anterior, echar dos tazas de *muesli* de buena calidad con cereales, fruta y frutos secos en un cuenco. Verter una taza de nata y otra de leche por encima y dejar en el frigorífico durante toda la noche. Servir acompañado de unas rodajas de fruta fresca y más leche.

yogur con pistachos tostados y miel

Es una combinación perfecta. Pruebe a echar miel dulce y espesa en el fondo de las tazas, espolvoréela con pistachos tostados picados en trozos grandes y cúbralos con abundante yogur cremoso. Lleve la cuchara al fondo de la taza y súbala lentamente para obtener los tres sabores.

café con vainilla

Dé un toque suave a un buen café fuerte añadiéndole vainilla. Echar una gota o dos de extracto de vainilla en el café matinal antes de verter la leche. Para un verdadero placer, añadir una cucharadita generosa de vainilla a un café solo; resulta excelente después de cenar. El extracto puro de vainilla espeso y fuerte es el de mejor sabor.

el ruibarbo y ricotta

Pruebe el ruibarbo y ricotta sobre pan tostado caliente con pasas y canela. Extender el ricotta sobre la tostada. Cubrirlo con pequeñas tiras de ruibarbo previamente cocidas en zumo de naranja hasta que hayan quedado blandas. Salpicar un poco el conjunto con miel o sirope puro de arce y comer rápidamente para que la tostada no se empape.

granizados de melón y coco

huevos al horno

muesli empapado

café con vainilla

yogur con pistachos tostados y miel

tostada de ruibarbo y ricotta

para llevar

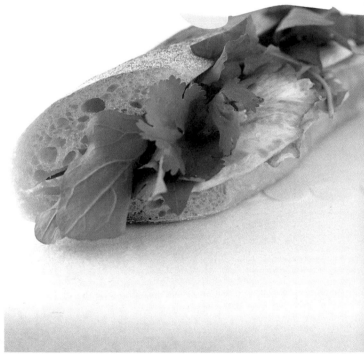

tortillitas

bocadillo de pollo y hierbas

pasteles para el almuerzo

para llevar

las tortillitas

Calientes o frías, las tortillitas son excelentes para un picnic o una comida fuera de casa. Una buena mezcla de base son seis huevos, 375 ml de nata y pimienta negra recién molida. Añadir a la base alimentos sabrosos, como tocino ahumado crujiente, perejil, queso cheddar rallado, *pesto,* calabaza asada o trozos de patata. Echar la mezcla en moldes pequeños y profundos, antiadherentes, y meter en el horno a 180 ºC durante 20 o 30 minutos hasta que las tortillitas estén cuajadas.

bocadillo de pollo y hierbas

Este bocadillo es una variante del clásico bocadillo de pollo y mayonesa. Añadir hierbas aromáticas frescas como albahaca, menta y cilantro a un pan, con pollo a la parrilla cortado en tiras y mayonesa hecha con un huevo entero, mezclada con zumo de limón y pimienta negra recién molida.

los pasteles rellenos para el almuerzo

Cortar discos de masa de hojaldre y cubrirlos con pollo cocido y boniato asado o cordero asado en tiras y *chutney.* Cortar discos mayores de masa para cubrir. Cerrar los bordes, poner los pasteles en una bandeja de horno y cocer a 200 ºC durante 20 minutos hasta que estén hinchados y dorados. Servir calientes o fríos con un refresco o batido de leche.

los sándwiches de tortillas de maíz

Con alubias y salsa de chile, las tortillas de maíz son un aperitivo crujiente e intenso. Mezclar las alubias que más le gusten con salsa de chiles y extenderlas sobre una tortilla de maíz. Espolvorear con queso rallado y cubrir con otra tortilla. Poner en una sartén engrasada con un plato y un peso encima (como una lata grande) y freír hasta que estén crujientes. Dar la vuelta a la tortilla y repetir hasta que los dos lados estén crujientes y el relleno, caliente.

sándwiches de tomate

Prepararlos con rodajas de tomate maduro, su queso favorito, hojas de albahaca, sal marina y pimienta negra recién molida. Los sándwiches son buenos porque sólo hay dos decisiones que tomar: elegir el pan y el tipo de queso que más nos guste.

pollo a la parrilla

Pruébelo con lima y chiles, acompañado de cava frío. Asar los trozos de pollo —marinados previamente en chiles y zumo de limón— en un *grill* caliente hasta que estén tiernos y bien dorados. Métalos en fiambreras con un montón de servilletas y unos benjamines de cava o champán bien fríos, y será la envidia del picnic.

magdalenas de chocolate

Pueden sustituir a los rollos de alubias *mung, los* sándwiches de *tofu* y los batidos de plátano y soja. Llene la fiambrera del almuerzo con magdalenas de chocolate, golosinas y chocolatinas. Son fáciles de hacer y sus amigos quedarán encantados. Utilice la receta de los bizcochitos de chocolate de la página 78 y métalos al horno en moldes de papel.

pastelillos de *risotto*

Se preparan fácilmente con las sobras de su *risotto* favorito. Formar con la mano una especie de cuenco con el *risotto* frío. Poner un trozo de *bocconcini* o queso feta marinado en el centro y aplastar el *risotto* sobre el queso para cerrar el relleno. Freír los pastelillos en un poco de aceite, hasta que estén dorados y crujientes, y ponerlos sobre papel absorbente. Servir con una ensalada verde sencilla o sacarlos como aperitivo para acompañar una cerveza o un buen vino.

arroz con plátano

Empaquetado en forma de rollo permite llevárselo a cualquier parte. Cocer arroz de grano largo según el método usual de absorción. Añadir 80 ml de crema de coco y azúcar al gusto, cubrir y dejar reposar durante cuatro minutos. Extender el arroz sobre papel antiadherente u hojas de plátano para formar un rectángulo plano. Poner en el centro plátano o mango cortado en trozos pequeños y cubrir con más arroz para tapar la fruta. Enrollar el papel o la hoja de plátano.

sándwiches de tortillas de maíz

sándwich sencillo de tomate

pollo a la parrilla con lima y chiles

pastelillos de *risotto*

magdalenas de chocolate

arroz con plátano

aperitivos rápidos

tostada de ajo

palomitas con chile

trozo de queso

aperitivos rápidos

tostada de ajo

Aliñar una barra de pan de leña con aceite de oliva. Tostarla y frotarla después con un diente de ajo o un puñado de albahaca resulta excelente en cualquier momento. Cubrir con rodajas finas de tomate maduro y requesón de cabra o una ensalada de rúcula picada, cebolla roja y alcaparras.

palomitas con chile

Son estupendas para ver una película en el sofá y para acompañar una cerveza fría. Echar un poco de maíz para palomitas en una sartén caliente y mezclarlo con mantequilla, sal marina y chile en polvo. Añadirlo a la sartén mientras las palomitas todavía están calientes. Son una buena opción cuando hay mucha gente picando, ya que se puede preparar un cuenco enorme en tan sólo unos minutos.

trozo de queso

Servir queso solo significa que los sabores no se van a mezclar y, si se trata de un buen queso, puede servir por sí solo como cena sencilla. Cómprelo de la mejor calidad posible y acompáñelo, por ejemplo, con unos pasteles de avena, unos barquillos, unos higos secos o unos orejones. Es importante servir siempre el vino apropiado: el queso azul es excelente con un riesling, y el brie, con un pinot noir joven.

con sandwichera

Siempre se puede recurrir a la sandwichera para elaborar un tentempié rápido. Los quesos como el gruyere y el cheddar, las sobras del pollo o cordero asado de ayer con mermelada de cebolla, un huevo entero (para las máquinas que no cortan los sándwiches a la mitad) con dos lonchas de jamón ahumado y mostaza o, simplemente, jamón ahumado, cheddar y piña son una opción rápida para la tarde del domingo.

panecillos de cerdo al vapor

Se hacen en un momento si se compran en la sección de congelados de los supermercados asiáticos. Cocerlos en agua hirviendo sin descongelar, de 10 a 15 minutos, y acompañar con salsa de chiles caliente. También se llaman panecillos *cha sui* o panecillos de cerdo a la barbacoa. Pruebe las distintas marcas hasta dar con una buena.

requesón de cabra

Aromatizado con un buen aceite de oliva afrutado y un chorrito de limón este requesón podría ser el toque especial que se busca para acompañar ese vaso de vino tinto del domingo por la tarde. Servir con pan caliente o galletas saladas.

ricotta con especias e higos

e higos tostados puede hacerse incorporando canela molida y nuez moscada recién rallada a un ricotta fresco y cremoso. Endulzar el queso con un poco de azúcar y untar con él rebanadas gruesas de pan de semillas tostado. Cubrirlo todo con rodajas de higo y espolvorear con azúcar moreno. Colocar en un *grill* caliente y tostar hasta que el azúcar se haya caramelizado y los higos estén calientes.

ensalada caliente de salmón ahumado

Colocar hojas crujientes de lechuga y ramilletes de perifollo sobre los platos. Cortar el salmón en trozos grandes. Cubrir con una vinagreta sencilla de limón y aceite y acompañar con rebanadas de pan.

galletas de coco

Es una receta simple para la que sólo se necesita un cuenco y se prepara sin complicaciones. Utilizar la receta básica para las tartaletas de coco y chocolate de la página 112. Con las manos húmedas, formar bolas con cucharadas grandes de la mezcla y colocarlas en una bandeja de horno forrada. Aplastar ligeramente las bolas de coco, meterlas en el horno precalentado a 180 ºC y dejarlas durante 10 o 15 minutos, hasta que la base esté dorada. Servir con café o chocolate caliente.

sándwiches

panecillos de cerdo

requesón de cabra

ricotta con especias e higos tostados

ensalada caliente de salmón ahumado

galletas de coco

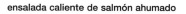

para la noche

macarrones con queso   tortilla de sobras

surtido variado

para la noche

macarrones con queso

Son una comida deliciosa. Cocer dos puñados de macarrones en agua hirviendo hasta que estén *al dente,* escurrirlos y devolverlos a la cacerola con un poco de nata o leche, mostaza y pimienta negra recién molida. Remover durante dos minutos a fuego lento, añadir algo de perejil picado y poner los macarrones en fuentes de horno. Cubrir con queso rallado y abundante pimienta negra. Cocer hasta que el queso se haya derretido y esté dorado.

tortilla de sobras

Es fácil preparar un plato original haciendo una tortilla con las sobras. Para elaborarlas se puede aprovechar casi cualquier cosa que haya guardada en el frigorífico: patatas asadas, cordero asado, queso, tomates, lo que sea... Echarlo todo en una sartén a fuego medio y rehogar hasta que esté caliente. Batir huevos y salpimentarlos; verterlos en la sartén y remover bien. Cocer a fuego lento hasta que la tortilla esté casi cuajada; después, ponerla en el *grill.* Cortar en trozos y servir con tostadas calientes con mantequilla.

crepes de pato

Son fáciles de preparar cuando se hace un poco de «trampa»: si compra un pato a la barbacoa precocinado en un restaurante chino o establecimiento especializado, sólo tiene que pedir que se lo troceen. Compre también unos crepes chinos ya preparados o congelados. Servir el pato caliente con los crepes también calientes, unas chalotas picadas y salsa *hoisin.*

surtido variado

Puede servir una cena informal perfecta preparando un surtido variado: un trozo de ricotta, panceta curada o jamón serrano en lonchas muy finas, ensalada de tomates con albahaca y cebolla roja, *hummus* o pasta de berenjenas, aceitunas aliñadas y unas rebanadas de pan. Para «rematar la faena», conviene acompañarlo todo con un vaso de buen vino tinto.

ravioli sobre brotes de espinaca

Poner unas espinacas o unas hojas de rúcula en cuencos individuales. Echar *ravioli* frescos de buena calidad en abundante agua hirviendo y cocerlos hasta que estén tiernos. Escurrirlos, colocarlos sobre las espinacas u hojas de rúcula y cubrirlos con un trozo de mantequilla, pimienta negra recién molida y queso parmesano.

patatas crujientes con salmón

con salmón: sencillas y deliciosas. Rallar dos patatas grandes en un cuenco y mezclarlas con dos cucharadas de mantequilla derretida y una cucharada de eneldo picado o perejil. Aplastar cucharadas de la mezcla y freír en una sartén con aceite hasta que quede crujiente y dorada. Ponerla en platos y cubrirla con salmón ahumado o trucha, berros u otras lechugas y nata líquida.

espagueti con chile, ajo y limón

Estos espaguetis son fáciles de hacer y llenan el estómago más hambriento al cabo de sólo unos minutos. Echar pasta en una cacerola grande de agua hirviendo y cocerla. Poner un par de cucharadas de aceite de oliva afrutado, chiles picados, ajo cortado en láminas y un poco de corteza de limón rallada en una sartén y freír hasta que la mezcla resulte aromática. Escurrir la pasta e incorporar después la salsa. Pueden añadirse además anchoas, pimienta y queso parmesano.

sándwich de ternera

Preparado con aros de cebolla tostados y mostaza especiada es un tentempié delicioso. Tostar rebanadas gruesas de pan hasta que estén doradas. Poner unos filetes troceados de ternera en una sartén muy caliente, con unos aros de cebolla, y freír hasta que la carne esté al gusto y la cebolla dorada y crujiente. Poner sobre el pan tostado con mostaza en grano y verduras de ensalada.

sushi «con trampa»

Este plato es muy sencillo. Preparar el arroz con 220 g de arroz de grano corto y 625 ml de agua. Cocer a fuego fuerte y, cuando esté listo, retirar del fuego y tapar bien durante cinco minutos. Echar el arroz en un cuenco de vidrio e incorporar tres cucharadas de vinagre de arroz y un poco de sal. Cortar láminas de *nori* en cuadrados y cubrir con un poco de arroz y rodajas de *sashimi.* Servir con salsa de soja y jengibre.

crepes de pato

ravioli con brotes de espinacas

patatas crujientes con salmón

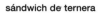

sándwich de ternera

espaguetis con chile, ajo y limón

sushi «con trampa»

espárragos con mantequilla balsámica

puré de patatas y ajo asado

rúcula con aliño caliente de nueces

espárragos con mantequilla balsámica

Son una guarnición perfecta para muchos platos. Derretir una cantidad generosa de mantequilla en una sartén a fuego medio y añadir un chorrito de vinagre balsámico y un par de ramilletes de espárragos limpios. Freír hasta que los espárragos estén tiernos y servir con queso parmesano y pimienta negra recién molida.

puré de patatas y ajo asado

Pruebe el puré de patatas y ajo asado con nata y mantequilla. Poner una cabeza de ajos cortada por la mitad en el horno. Añadirle un poco de aceite de oliva y asarla media hora hasta que esté dorada y blanda; quitar la piel a los ajos blandos apretándolos. Hervir patatas peladas y troceadas hasta que estén blandas. Aplastar las patatas con mantequilla, sal marina, nata y la mayor parte del ajo asado. Cubrir con sal marina, mantequilla derretida y lo que quede de ajo. Para un puré fino y cremoso, pasar las patatas por un pasapurés. Esta guarnición es sabrosa y adecuada para casi todo.

aliño caliente de nueces

Es recomendable sobre hojas de rúcula. Echar un buen chorro de aceite de oliva en un cazo pequeño y añadir un puñado de nueces y unas ramitas de romero. Calentar a fuego lento para que el aceite absorba los sabores. Echar el aliño sobre las hojas de rúcula y terminar con un chorro de zumo de limón, pimienta negra recién molida y aceitunas. Servir inmediatamente, antes de que la rúcula pierda frescura.

ensalada de tomates asados

Esta ensalada queda muy bien con tomates cubiertos con hojas de albahaca cortadas. Cortar los tomates por la mitad y ponerlos con el lado carnoso hacia arriba en una fuente de horno. Aliñarlos con un poco de aceite de oliva y pimienta y asarlos en el horno a 200 °C hasta que estén blandos. Servir calientes o fríos con hojas tiernas de albahaca picadas, vinagre balsámico, aceite de oliva y más pimienta. Cubrirlos con parmesano rallado antes de servir.

verduras con salsa de ostras

Es un modo fácil de comer ostras. Rehogar unas cucharadas de jengibre rallado en un poco de aceite de sésamo. Añadir 60 ml de salsa de ostras, 60 ml de vino chino para cocinar o jerez seco, 60 ml de salsa de soja con poca sal y cocer. Añadir azúcar moreno al gusto. Blanquear algunas verduras asiáticas, como *bok choy, choy sum* o *gai larn,* en agua hirviendo durante unos 10 o 20 segundos. Escurrir y poner en un plato. Regar con la salsa y servir.

patatas cocidas con romero y sal

Es una guarnición perfecta para servir con casi todo. Mezclar patatas nuevas pequeñas con mucha sal marina, aceite de oliva y romero. Asar en horno caliente, agitando la cacerola mientras se cocinan, hasta que las patatas estén blandas y doradas.

mantequilla de piñones

Con judías es una combinación perfecta. Echar 80 g de mantequilla en un cazo y añadir un par de cucharadas de piñones picados. Freír a fuego lento hasta que la mantequilla y los piñones estén dorados y agregar después dos o tres cucharadas de zumo de limón. La mantequilla se puede usar para aliñar judías al vapor, espinacas, y brécol, entre otros platos. Cubrir después con pimienta negra recién molida y servir.

ensalada de lechuga iceberg

Esta ensalada es sencilla y fácil de preparar. Retirar las hojas exteriores de la lechuga. Cortarla transversalmente, de modo que las mitades formen dos copas, y preparar un aliño sencillo de cantidades iguales de aceite y vinagre, mezclados con mostaza, hierbas frescas, sal marina y pimienta negra recién molida. Verter el aliño sobre la lechuga y servir. Antes de empezar, si la lechuga no está muy fresca, ponerla a remojo en un cuenco grande con agua helada para que recupere frescura.

boniatos con sésamo

Pelar y cortar los boniatos en tiras. Pintarlos con una mezcla de aceite vegetal y aceite de sésamo. Espolvorearlos con sal marina, meter en el horno a 200 °C y asarlos hasta que los boniatos estén dorados. Servir como guarnición caliente o fría y acompañar con verduras para ensalada y un aliño sencillo.

ensalada de tomates asados verduras con **salsa de ostras**

patatas cocidas con romero y sal mantequilla de piñones con judías

ensalada de lechuga *iceberg* boniatos con sésamo

helado con palitos de chocolate   *panna cotta*

auténtico chocolate caliente

helado con palitos de chocolate

Es una forma estupenda de ser niños grandes. Amontonar cucharadas de helado del sabor que prefiera en un platillo y acompañar de palitos de galleta recubiertos de chocolate para usarlos como cuchara. La cuchara suele comerse «sin querer», así que tenga un montón de ellas a mano.

panna cotta

Esta receta es fácil de preparar en grandes cantidades para reuniones numerosas. Poner un palito de vainilla, 175 ml de azúcar glas, 500 ml de nata y 250 ml de leche en una cacerola a fuego medio y llevar casi a ebullición. Empapar una cucharada de gelatina en tres cucharadas de agua fría. Incorporar con unas varillas la gelatina a la mezcla de nata y dejar a fuego muy lento durante cuatro minutos. Verter en cuencos pequeños o tazas chinas de té y meter en el frigorífico entre cuatro y seis horas hasta que la mezcla esté cuajada. Servir con frutas del bosque en verano o gajos de pomelo recubiertos de azúcar caramelizado en invierno.

auténtico chocolate caliente

Es el mejor y se prepara poniendo trozos de chocolate negro en el fondo de un vaso alto. Después, verter leche caliente hasta casi llenar el vaso y remover para que el chocolate se funda con la leche. Conviene tener al lado más chocolate para mordisquear... mmm.

flan de arroz con leche

Puede prepararse fácil y rápidamente. Poner una o dos cucharadas de arroz cocido en el fondo de cada cuenco individual. Batir cuatro huevos, 125 ml de azúcar, 625 ml de leche y una cucharadita de extracto de vainilla. Verter la mezcla sobre el arroz. Espolvorear con canela o nuez moscada recién rallada. Poner los cuencos en una fuente de horno y llenar ésta hasta la mitad con agua caliente; meterla en el horno precalentado a 160 °C de 20 a 25 minutos hasta que la masa esté cuajada. Se puede tomar frío o caliente.

un trozo de chocolate

Un trozo de chocolate que se derrita en la boca puede ser otra excelente opción: ponerlo en una bandeja resistente en el medio de la mesa. Servir con utensilios para romper el chocolate, como un picahielos o un cuchillo. Acompañar con un vaso de moscatel u oporto.

sándwiches de helado

Prepare sándwiches de helado con galletas de mantequilla o recubiertas de chocolate y helado. Meter el helado entre las galletas y ponerlo en el congelador de cinco a diez minutos.

helado de frambuesas y yogur

Es una delicia cremosa. Poner un kilo de yogur natural espeso, 300 g de frambuesas congeladas, 60 ml de zumo de limón o lima y 250 g de azúcar en el cuenco de una heladora y ponerla a batir hasta que el helado esté hecho. Acompañar con barquillos crujientes. Almacenar el helado sobrante en un recipiente de metal tapado, en el congelador.

peras caramelizadas con tortitas

Son un acierto en una tarde o noche fría. Preparar las tortitas a partir de la masa descrita en la página 164. Rehogar unas rodajas de pera en 60 g de mantequilla y tres cucharadas de azúcar moreno hasta que estén blandas. Poner en capas las peras y las tortitas hasta formar un montón. Añadir otras tres cucharadas de azúcar moreno a la sartén y 250 ml de nata. Cocer suavemente hasta que resulte una salsa espesa de caramelo. Verter sobre las tortitas y peras y servir.

dulce de membrillo sobre bollitos

Poner los bollitos —preparados en casa, si se ve capaz, o comprados en una pastelería—, cubiertos con un paño de cocina, en el horno caliente si es necesario recalentarlos. Servirlos con dulce de membrillo o mermelada casera de fresas, preparados por usted mismo o comprados en una tienda de productos de elaboración artesanal o en un mercado medieval. Servir con nata montada y endulzada a un lado.

flan de arroz con leche

chooolato

sándwiches de helado

helado de frambuesas y yogur

peras caramelizadas con crepes

bollitos con dulce de membrillo

recetas
básicas

salsa de tomate

jamón serrano + salvia   chile + berenjena

sopa de albahaca

utensilios + consejos

molinillo de pimienta

Lo mejor es un molinillo de madera con un buen tornillo ajustable para moler con mayor o menor grosor. Si compra un molinillo de buena calidad, es posible que nunca tenga que reemplazarlo.

sartén honda

Use una sartén honda con base gruesa. Una sartén tiene una superficie amplia; por tanto, el líquido se evapora rápidamente, haciendo que las salsas espesen y queden sabrosas con más rapidez. Si sólo dispone de cacerolas pequeñas quizá tenga que cocer la salsa durante más tiempo que el indicado en la receta.

jarras de medir

Son muy importantes para medir los líquidos. Las de vidrio son buenas, ya que puede usarlas también para verter grandes cantidades de líquido, como caldo caliente sobre el *risotto*. Compre jarras con medidas fáciles de leer.

tomates maduros para cocinar

Compre tomates maduros o muy maduros para cocinar, ya que son más dulces y tienen más sabor. Es mejor pelarlos antes de hacer la salsa, bien blanqueando los tomates en agua hirviendo o bien pelándolos con un pelador de verduras afilado. Tal vez descubra que, durante los meses más fríos, cuando los tomates no están en su mejor época, es mejor usarlos enlatados.

consejos

• Según la época del año y los tomates disponibles, la salsa puede resultar un poco ácida. Esto se soluciona fácilmente con una pizca de azúcar. • La salsa de tomate básica tendrá una textura más líquida y sabor más dulce si se usan tomates frescos, mientras que con los tomates enlatados sale una salsa más espesa. • Usar la salsa de tomate para cocer pollo o pescado, como salsa para verduras, en lasaña, sobre bases de pizza, o como una comida sencilla sobre pasta caliente cubierta con queso parmesano rallado y pimienta negra recién molida. • Cuando fría las cebollas y el ajo, no deje que se doren demasiado, ya que estropearán el delicado sabor de la salsa. • Al cocinar con vino, hay que tener en cuenta que el vino de mal sabor se notará en el resultado final. Esto no significa que haya que abrir los tintos de reserva, pero compre una botella barata de calidad razonable. • Después de preparar la salsa de tomate, no la meta en el frigorífico en el cazo, ya que el ácido de los tomates podría reaccionar con el metal del cazo. • Algunas personas creen que las semillas del tomate tienen sabor amargo y las retiran de los tomates antes de cocinarlos, pero es una cuestión de gusto.

tomates enlatados

Pruebe las diferentes marcas disponibles. Escoja las latas llenas de tomates enteros en una salsa espesa. Evite las latas de tomates troceados, ya que suelen estar un poco pastosos.

cucharas de madera

Nunca se tienen bastantes cucharas de madera. Manténgalas separadas para la cocina dulce o salada. Si no se les quitan las manchas, póngalas en el lavaplatos o déjelas durante algunas horas en una mezcla de agua y vinagre. Es conveniente tener cucharas de diversos tamaños.

tomates enlatados

cucharas de madera

sartén honda

jarra de medir   tomates maduros para cocinar

molinillo de pimienta

1
2
3
4

salsa clásica
de tomate

12 tomates o unos 2 kg de tomates pelados en conserva
1 cucharada de aceite
1 diente de ajo machacado
2 cebollas pequeñas picadas
250 ml de vino tinto
2 cucharadas de hojas picadas de orégano, albahaca o mejorana
pimienta negra recién molida y sal marina

PASO 1 Si se usan tomates frescos, ponerlos en una cacerola con agua hirviendo y cocerlos durante un minuto. Escurrirlos, pelarlos y trocearlos, reservando el líquido que salga. Si se usan tomates enlatados, no es necesario seguir este paso, sólo hay que machacarlos ligeramente.

PASO 2 Calentar el aceite en una sartén honda a fuego medio o fuerte. Echar el ajo y la cebolla y rehogar durante cuatro minutos hasta que estén blandos.

PASO 3 Añadir los tomates, el vino, las hierbas, la pimienta y la sal y dejar hervir.

PASO 4 Cocer suavemente la salsa durante 20 minutos si se usan tomates en conserva y 35 si se usan tomates frescos.

Conservar la salsa en el frigorífico tres días como máximo. Si no se usa durante este tiempo, congelarla en porciones listas para descongelar y usar. La salsa de tomate puede congelarse durante cuatro o cinco meses.

SALSA DE TOMATES ASADOS Usar sólo tomates frescos para esta receta; cortarlos por la mitad y ponerlos en una fuente de horno engrasada con el lado del corte hacia arriba. Asar en el horno precalentado a 180 °C durante 30 minutos, hasta que estén blandos. Seguir la receta de la salsa de tomate clásica, añadiendo los tomates asados en lugar de los frescos o enlatados.

SALSA DE TOMATE CON JAMÓN SERRANO Y SALVIA Seguir la receta básica para la salsa de tomate. Después de freír la cebolla, añadir seis lonchas de jamón serrano troceadas a la sartén con dos cucharadas de hojas de salvia picadas. Servir con más trozos de jamón serrano tostados y crujientes.

SOPA DE TOMATE Y ALBAHACA Seguir la receta básica
para la salsa de tomate y añadir medio litro de caldo de
verduras al echar el tomate en la sartén. Cuando se haya
cocido, añadir cuatro cucharadas de albahaca (en vez de
las dos cucharadas) y servir la sopa en cuencos profundos,
espolvoreada con pimienta y queso parmesano.

SALSA DE TOMATE CON CHILES Y BERENJENA Añadir
dos o tres chiles rojos, partidos y sin semillas, a la sartén
mientras se rehogan el ajo y la cebolla. Partir una berenjena
de medio tamaño en trozos grandes y echarla con el tomate,
siguiendo el resto de la receta básica.

carne

pollo

caldo

verduras

ternera

pescado

utensilios + consejos

cucharón y espumadera

Use una cuchara grande de metal para espumar la superficie del caldo y retirar las impurezas que enturbian el color. Es necesario espumar el caldo, sobre todo los de carne, cada 10 o 15 minutos, cuando empieza a cocer. Al espumar con frecuencia, se retiran la grasa y las impurezas que suben a la superficie y no vuelven al fondo con el movimiento del líquido.

colador

Use un colador fino para retirar del caldo las partículas e ingredientes pequeños, como los granos de pimienta. Es más práctico tener un colador que se enganche o apoye bien en una cacerola o cuenco grande, para colar con facilidad.

consejos

• Cocer a fuego lento el caldo, sin que llegue a hervir. Si hierve, resultará grasiento y turbio. • Puesto que hacerlo lleva tiempo, lo mejor es preparar grandes cantidades de una vez, para congelar la mayor parte en porciones pequeñas. No deje de etiquetar y fechar el caldo. El caldo congelado puede conservarse hasta un año si está desgrasado. • A veces, es útil dejarlo cocer durante otras dos o tres horas hasta que haya doblado la concentración. Se puede usar si se quiere un sabor más concentrado, o el caldo puede congelarse en cantidades más pequeñas, para añadir agua luego y devolverle el sabor original. • Para retirar la grasa de la parte superior del caldo caliente, pasar un trozo de papel absorbente por la superficie. Así se absorbe la mayor parte de la grasa que flota en la superficie. Enfríe el caldo para que la grasa se solidifique en la parte superior y así se puede retirar fácilmente. • Al dorar carne y verduras para caldo, compruebe que se doren bien, pero que no se quemen. Añadir huesos o verduras quemados a un caldo estropeará el sabor. • Si añade la sal al comienzo de la cocción, el caldo podría quedar demasiado salado, una vez que el agua se haya reducido.

olla

Una olla o cacerola grande es básica para hacer caldo. Hay ollas de distinto precio, según la calidad y el tamaño. Si sólo quiere usar la olla para el caldo, bastará con una barata. Si quiere cocinar otras cosas, como una pierna de cordero, quizá la base de la olla barata no sea muy gruesa y el contenido se pegue al fondo; por tanto, compre una olla para varios usos con base gruesa.

condimentos

Las hierbas como romero, tomillo, orégano y mejorana también son buenas para los caldos. Use cualquier combinación de verduras y hierbas para preparar un caldo. Tal vez prefiera meter las hierbas y granos de pimienta en bolsas de tela, llamadas a menudo *bouquet garni,* para retirarlas con facilidad, aunque también pueden quitarse con un colador.

verduras

Use verduras de buena calidad para obtener un buen caldo. Las verduras pasadas no dan el mismo sabor que las frescas. Si desea usar verduras que no estén en su punto, tendrá que echar más cantidad para que den más sabor. Los puerros, los champiñones, las chirivías, los nabos y los tomates son estupendos para usar en los caldos.

estameña

Cubrir un colador grande o pequeño con un trapo fino para filtrar y clarificar el caldo. Si no tiene estameña, use un colador fino.

colador

verduras

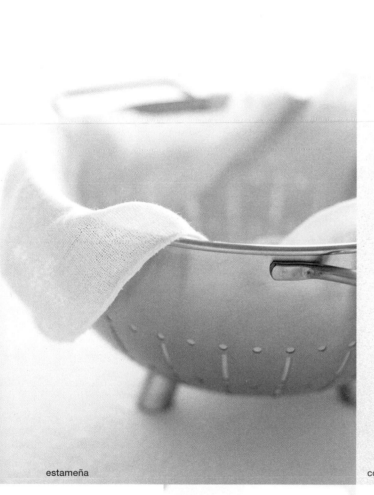

estameña

condimentos

olla

cucharón para espumar

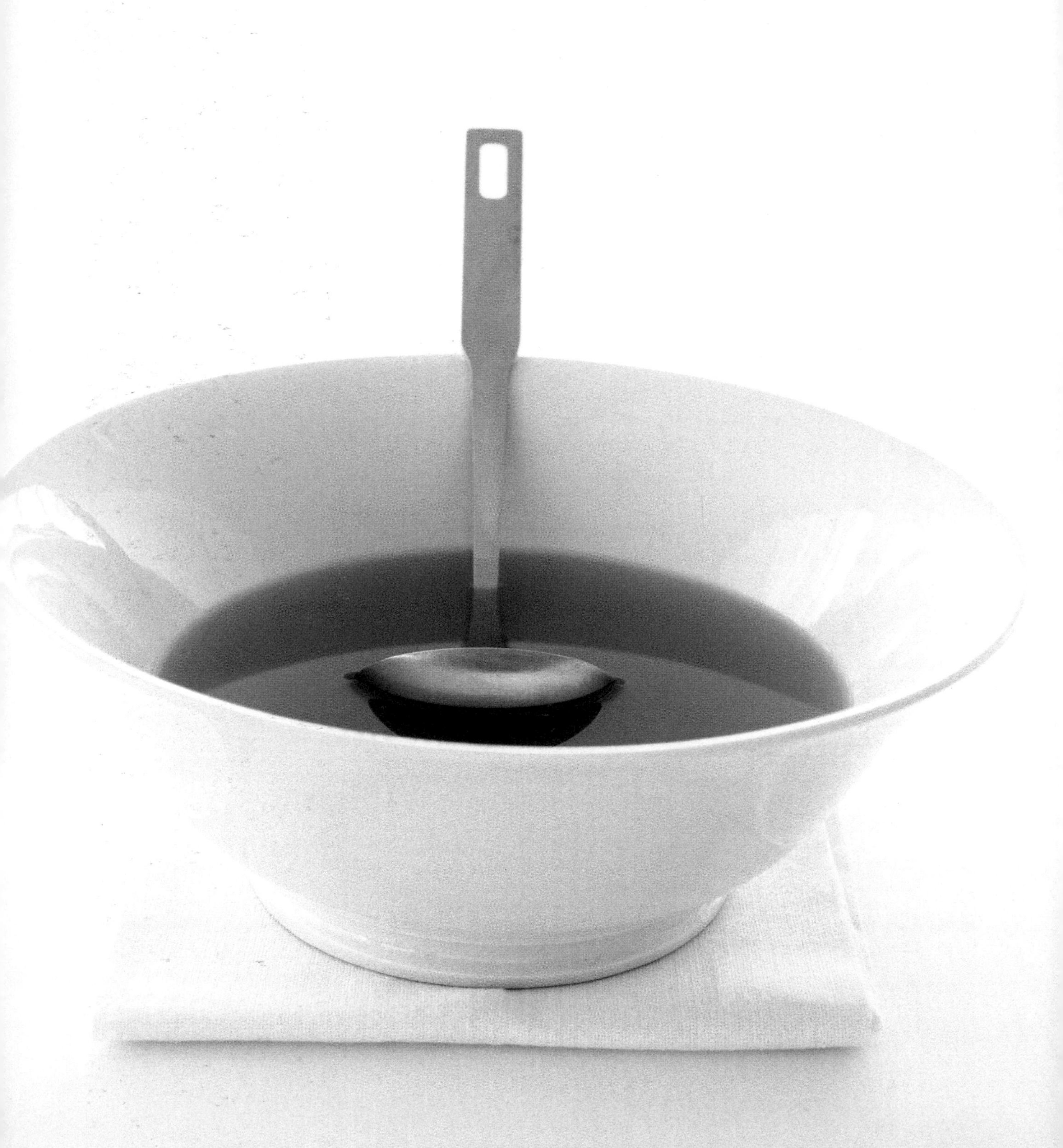

caldo de pollo

1
2
3
4

3 kg de huesos de pollo
10 l de agua
35 ml de vino blanco seco
1 cebolla troceada
1 zanahoria troceada
1 tallo de apio troceado
8 granos de pimienta negra
4 ramitas de perejil
2 hojas de laurel

PASO 1 Poner los huesos de pollo en una olla o cacerola grande con el agua. Llevar rápidamente a ebullición a fuego medio.

PASO 2 Añadir el vino, la cebolla, la zanahoria, el apio, la pimienta, el perejil y el laurel y cocer a fuego lento pero continuado.

PASO 3 Espumar el caldo con una cuchara de cuando en cuando mientras se cuece, para que el líquido siga claro.

PASO 4 Cocer suavemente el caldo durante tres horas hasta que tenga suficiente sabor. Pasar el caldo por un colador forrado con estameña y retirar la grasa solidificada que haya en la superficie. Salen entre cinco y seis litros.

Para conservar el caldo recién hecho, tapar la cazuela y meterla en la nevera durante dos o tres días. Después de este tiempo, el caldo tendrá que volver a hervirse y se conservará durante dos días más. El caldo también puede congelarse en porciones pequeñas, fáciles de descongelar y usar.

CALDO DE VERDURAS Suprimir los huesos de pollo. Añadir a la receta básica dos puerros picados y 250 ml de champiñones cortados en láminas. Seguir la receta básica del caldo de pollo para terminar. Para un caldo más sabroso u oscuro, dorar las verduras pintadas con un poco de aceite en un horno precalentado a 200 ºC durante 30 minutos antes de echarlas en la olla.

CALDO DE TERNERA Poner 3 kg de huesos troceados de ternera en una fuente de horno y pintarlos con aceite. Meterlos en el horno precalentado a 200 ºC durante 30 minutos, añadir las verduras y dejarlo todo en el horno durante otros 30 minutos. Seguir la receta del caldo de pollo, sustituyendo el vino blanco por vino tinto.

CALDO DE TERNERA Poner 3 kg de huesos troceados de ternera en una fuente de horno y pintarlos con aceite. Meterlos en el horno precalentado a 200 °C durante 30 minutos, añadir las verduras y meterlo todo en el horno durante otros
30 minutos. Seguir la receta del caldo de pollo, sustituyendo el vino blanco por vino tinto.

CALDO DE PESCADO Usar las cabezas y las espinas de tres pescados pequeños y de carne no grasa, como el pargo. Seguir la receta del caldo de pollo, añadiendo el resto de los ingredientes. Cocer a fuego lento durante sólo 20 minutos, o el caldo quedará agrio y colar después a través de estameña o un colador muy fino.

tempura

masa para rebozar

tortitas crepes

cerveza

utensilios + consejos

cuenco

Use un cuenco seco y alto para que la masa no se salga al batir. Tal vez prefiera colocar el cuenco sobre un paño de cocina húmedo, de modo que no se mueva en la encimera mientras está batiendo.

varillas

Los batidores de varillas con el extremo redondeado son los mejores. Los hay de distintos tamaños, así que quizá prefiera tener uno grande y uno pequeño. Las varillas son excelentes para todo: desde unificar salsas hasta batir claras de huevo del modo tradicional. Son instrumentos rápidos y fáciles para eliminar grumos e incorporar aire.

tamiz

Utilice un tamiz para eliminar los grumos de la harina. Así podrá conseguir una masa fina cuando incorpore el líquido. Los tamices suelen tener un mango curvo o que se puede apretar para facilitar la operación. También pueden usarse un colador y una cuchara.

espumadera

Las espumaderas de metal son excelentes para sacar los alimentos del aceite caliente y escurrirlos antes de ponerlos sobre papel de cocina absorbente. Escoja el tipo tradicional con agujeros o pruebe las de bambú y alambre dorado, con diversos tamaños y formas, que se pueden encontrar en supermercados asiáticos y buenas tiendas de cocina.

sartén para crepes

Excelentes para preparar crepes, estas sartenes de tamaño mediano tienen los lados suavemente curvos y el tamaño ideal. Las sartenes para crepes pueden ser antiadherentes, de modo que no necesitan engrasarse. Si no tiene una sartén de este tipo, una pequeña y poco honda servirá también.

espátula de metal

Una espátula ayuda a dar la vuelta a las tortitas y los crepes aunque, si se atreve, puede darles la vuelta en el aire sólo con la sartén. Prefiero las espátulas con mangos de madera, aunque las más anchas suelen tener mangos de metal.

termómetro de cocina

Para una masa crujiente y bien frita, compruebe que el aceite alcanza la temperatura correcta (190 °C). Puede usar un termómetro de cocina que se ajuste al lateral de la cacerola. Estos termómetros también son útiles para preparar almíbar, mermelada, *toffee* y caramelo.

consejos

• Fría la masa para tortitas después de batirla; de otro modo, los agentes leudantes se activarán mientras la masa está en el cuenco y las tortitas no serán las creaciones ligeras y esponjosas que desea.• No deje de secar los alimentos que va a rebozar en la masa para que ésta se pegue bien. Si se usan ingredientes húmedos, como pescado, pueden rebozarse primero ligeramente con harina.• Cuando se fríe algo en abundante aceite, la temperatura es muy importante. Debería estar a 190 °C para asegurar que los poros de los alimentos se cierran, de manera que queden crujientes, no empapados en aceite.• Mantenga calientes los alimentos rebozados y fritos o los montones de tortitas metiéndolos en el horno moderadamente caliente. Cubra las tortitas y los crepes con un paño limpio de cocina para evitar que se sequen.• No es necesario dejar reposar la masa para rebozar antes de usarla. Si tiene que hacerlo, probablemente verá que la masa ha espesado y necesita más líquido para devolverle la consistencia adecuada.
• Escurra los alimentos rebozados y fritos colocándolos sobre papel absorbente antes de servir; así retirará el exceso de grasa en la superficie.

espátulas de metal

cuenco y varillas

espumaderas

tamiz

termómetro de cocina

sartén para crepes

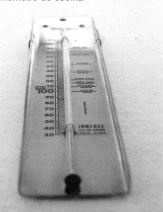

masa para rebozar

1
2
3
4

250 g de harina
sal marina
1 huevo
375 ml de leche

PASO 1 Tamizar la harina y la sal sobre un cuenco y abrir un hueco en el centro.

PASO 2 Echar el huevo en un cuenco pequeño y batir ligeramente.

PASO 3 Añadir el huevo y la leche en el hueco de la harina y batir hasta que la masa esté fina. Añadir más leche, si es necesario, para obtener la consistencia deseada.

PASO 4 Usar la masa para rebozar alimentos como pescado y verduras y freírlos en abundante aceite hasta que estén dorados y crujientes.

Si se deja reposar, la masa se espesará ligeramente; añada más agua o leche para devolverle su consistencia original. La masa sin agentes leudantes se conserva tapada en el frigorífico hasta dos días. La masa con agentes leudantes debería usarse justo después de prepararla; de no ser así, éstos perderán fuerza y las tortitas no serán ligeras ni esponjosas.

MASA PARA TORTITAS Añadir un huevo extra a la masa, 75 g de mantequilla derretida, tres cucharaditas de levadura en polvo y 80 g de azúcar. Añadir el resto de los ingredientes siguiendo la receta básica. Freír a fuego medio en una sartén antiadherente hasta que salgan burbujas, dar la vuelta y seguir friendo hasta que las tortitas estén doradas.

MASA CON CERVEZA Sustituir la leche por 375 ml de cerveza fría y mezclar hasta que resulte fina. Se puede usar esta masa para rebozar filetes de pescado y, por ejemplo, acompañarlos con patatas fritas. Una cerveza de buena calidad con sabor a lúpulo malteado contribuye a elaborar una masa de sabor intenso.

MASA PARA CREPES Añadir 75 g de mantequilla derretida y 250 ml más de leche a la masa básica, para obtener la consistencia de una crema. Echar un poco en una sartén pequeña para crepes, engrasada, y freír a fuego medio hasta que cada lado se dore ligeramente. Servir con limón y azúcar.

MASA PARA TEMPURA Sustituir la harina por 250 g de harina fina de arroz y sustituir la leche por 375 ml de agua helada. Mezclar hasta que la masa tenga una consistencia fina. Se puede utilizar esta masa para rebozar verduras, gambas y tiras de pescado y pollo, y acompañarlos con una salsa para untar ya preparada.

parmesano

masa quebrada

dulces

frutos secos

pimienta + mostaza

utensilios + consejos

robot de cocina

Ésta es la alternativa más rápida para elaborar la masa, pero, si no tiene uno, recurra a las yemas de los dedos para incorporar la mantequilla a la harina. Use el pulsador del robot a golpecitos breves, procurando no batir demasiado la harina y la mantequilla.

pesos para hornear

Para hornear la base sin relleno, harán falta pesos para hornear, arroz crudo o legumbres secas. Los pesos para hornear son discos pequeños de porcelana o metal y son reutilizables. Se enfrían sin más después de usarlos y se almacenan en un contenedor cerrado. También puede tener un recipiente con legumbres secas o arroz, para usarlas muchas veces. Los pesos evitan que se formen burbujas en la masa al cocerse, creando una base fina y uniforme.

moldes de tarta

Existe una enorme variedad de formas y tamaños. Los moldes con base extraíble son los más fáciles de manejar. También se puede comprar anillos metálicos grandes para poner sobre las bandejas del horno. Después de usarlos, límpielos con un paño y guárdelos. Frotarlos con detergente suele estropear la superficie y puede hacer que los moldes se oxiden.

pinceles

Son estupendos para pintar la parte superior de las tartas, los moldes o para glasear. Existen muchos tamaños diferentes, con cerdas sintéticas o naturales.

cortapastas

Si va a usar cortapastas para hacer tartas pequeñas, compruebe que esté afilado y úselo con un solo movimiento hacia abajo para que la pasta tenga un borde limpio.

rodillos

Los rodillos tienen muchas formas y tamaños distintos, y pueden tener mangos o no. Utilice uno que le resulte cómodo y aplique la misma presión con las dos manos para que la masa quede lisa y uniforme.

espolvoreador

Es útil para espolvorear una cantidad pequeña y uniforme de harina en la superficie de trabajo antes de extender la masa. Si la masa está un poco pegajosa, use el espolvoreador para esparcir un poco de harina sobre ella y evitar que se pegue al rodillo. No es un utensilio básico, pero resulta útil.

consejos

• Al mezclar la harina y la mantequilla en un robot, use el pulsador a golpecitos breves y bata sólo hasta que aparezcan grandes grumos; entonces, comience a añadir agua helada. • Compruebe que la mantequilla esté dura y fría. Pártala en trozos pequeños antes de usarla. • No es necesario amasar durante mucho tiempo. Basta con un amasado rápido, hasta que la masa forme una bola lisa. • Antes de estirarla con el rodillo, espolvorear ligeramente la superficie de trabajo con harina para que la masa no se pegue a la encimera. • No estire la masa dentro de los moldes. Envuelva el rodillo con la masa para levantarla de la encimera y después desenróllela sobre el molde. Deje caer la masa suavemente dentro del molde y así conseguirá que se encoja menos. • Es importante dejar la masa en la nevera después de prepararla para conservar la mantequilla fría y también evitar que se encoja al cocerla. Cubra la masa con plástico para que no se seque. • Hornear sin relleno hace que la masa siga crujiente cuando se rellene con algo húmedo, como una crema. Si no utiliza las bases horneadas el mismo día que las cuece, guárdelas en un recipiente hermético para mantenerlas crujientes. • Cuando una base horneada va a usarse con un relleno húmedo, como una crema dulce, evite que la base se humedezca, pintando la base caliente con un poco de clara de huevo, para que no absorba humedad.

cortapastas

moldes de tarta

pinceles

espolvoreador

rodillos

pesos de hornear

masa quebrada

1
2
3
4

250 g de harina
125 g de mantequilla fría troceada
agua helada

PASO 1 Echar la harina y la mantequilla en un robot de cocina y batir hasta que la mezcla haya formado grumos. No batir en exceso, ya que la masa quedaría demasiado pegajosa.

PASO 2 Mientras el aparato sigue batiendo, añadir agua helada en cantidad suficiente para formar una masa blanda. Retirar y amasar ligeramente. Envolver en plástico y meter en el frigorífico durante 30 minutos para evitar que la masa se encoja en el horno.

PASO 3 Extender la masa en una superficie ligeramente espolvoreada con harina o en una lámina de papel de horno antiadherente, hasta que tenga 2 o 3 mm de grosor. Forrar el molde o los moldes escogidos con la pasta, metiéndola en el molde sin estirarla. Enfriar la masa en el molde durante cinco minutos.

PASO 4 Para hornear la base vacía, pinchar la base y los lados con un tenedor. Cubrirla con papel de horno antiadherente y llenar el molde con pesos de hornear, legumbres o arroz. Cocer la base en un horno precalentado a 190 °C durante cinco minutos. Retirar los pesos y el papel y devolver el molde al horno durante otros cinco minutos hasta que se dore.

Si se usa la base en el plazo de tres días, almacenarla en un recipiente hermético. Para conservar la base durante más tiempo, envolverla en plástico y congelarla hasta tres meses. Descongelar y devolver frescura a la masa en el horno a 180 °C de tres a cinco minutos antes de usarla. También se puede congelar la base sin cocer, en el molde, durante tres meses. Para usarla, descongelar la masa y seguir las instrucciones anteriores.

MASA QUEBRADA DULCE La variación más sencilla del conjunto. Tan sólo hay que añadir tres cucharadas de azúcar fino a la harina antes de batir. Ésta será la base dulce para todas las tartas y puede rellenarse con cualquier cosa, desde crema de limón a una sabrosa *ganache* de chocolate.

MASA CON FRUTOS SECOS Añadir cuatro cucharadas de frutos secos molidos, como almendras, avellanas o nueces a la harina antes de batirla. Para una versión dulce, añadir también dos cucharadas de azúcar fino. Pruebe también rellenos salados con quesos fuertes. La versión dulce puede rellenarse casi con cualquier ingrediente.

MASA CON PARMESANO Añadir 30 g de queso parmesano rallado a la harina antes de batirla. Utilizar esta base para elaborar pasteles salados, como una tarta con requesón de cabra o ricotta fresco cubierto con tomates asados y aceitunas picadas o *pesto*.

MASA CON PIMIENTA Y MOSTAZA Añadir una cucharadita de pimienta negra recién molida y dos cucharaditas de mostaza en grano antes de batir la harina. Usar esta base para hacer rellenos salados de verduras y quesos o para dar un toque diferente a una receta corriente, como una *quiche* de huevo y tocino ahumado.

aceituna

masa de pan

pasas + canela

pizza

calzone

utensilios + consejos

garfio para amasar

Si su batidora eléctrica tiene un conjunto de accesorios, compruebe si entre ellos hay un garfio para amasar. Puede ser un elemento a tener en cuenta al comprar la siguiente batidora, ya que el accesorio evita la mayor parte del trabajo duro de amasar. Un solo garfio es más eficaz que dos batidores. Puede usar el garfio para elaborar la masa y después trabajarla, reduciendo así tiempo y esfuerzo.

semillas

Las semillas pueden incorporarse a la masa, antes de cocer, para obtener un sabor distinto o espolvorearse sobre una masa pintada con aceite, agua o huevo. Puede probar con semillas de sésamo, linaza, amapola, girasol y calabaza.

harina

Puede usar diversas harinas para crear una base, como de soja, de centeno, de trigo integral y de garbanzo. Con las harinas más pesadas, como las de centeno, soja y garbanzo, quizá prefiera usar mitad de este tipo de harina y mitad de harina de trigo corriente, para que la masa no sea demasiado densa.

músculos

Procure que los suyos estén preparados si no tiene batidora eléctrica con garfio para amasar, o sólo para el amasado habitual que exige preparar masa de pan.

levadura

Prefiero la levadura seca por comodidad, pero compruebe que no haya pasado la fecha de caducidad, ya que podría no activarse. El primer paso en la masa de pan básica es una buena prueba para comprobar que la levadura está bien, ya que las burbujas en la superficie de la mezcla indican actividad. Para crecer, la levadura necesita calor, azúcar y humedad. Demasiado calor, azúcar, sal o grasa pueden matarla. La levadura funciona liberando burbujas diminutas de dióxido de carbono, permitiendo así que la masa se estire y suba.

rodillos

Los rodillos para amasar son de distintas formas, tamaños y materiales, como madera, plástico, mármol y acero. Escoja uno según la frecuencia de uso y compruebe la comodidad usándolo para extender una masa uniforme. No es necesario lavar los rodillos de madera; límpielos con un paño limpio y retire cualquier trocito de masa pegada con una espátula o cuchillo romo.

consejos

• Al añadir el agua a la mezcla de levadura, procure que esté tibia. Si está caliente, puede matar o desactivar la levadura. • La levadura es un organismo vivo que necesita azúcar, su forma de alimento, para activarse, pero demasiado azúcar también puede matarla, al igual que la sal. • Al amasar, doble la parte anterior de la masa hacia el medio, presiónela sobre el centro y después empuje hacia delante con la mano. Use la otra mano para dar un cuarto de vuelta a la masa y repita el proceso hasta que la masa esté lisa y elástica. • La masa está suficientemente trabajada cuando está lisa y elástica al tacto. Si la presiona con el dedo, el hueco debería rellenarse al retirar el dedo. • Cuando la levadura está subiendo, manténgala cubierta, protegida de corrientes de aire y caliente, pero tampoco deje que se caliente demasiado o se desactivará. La temperatura óptima para que la levadura suba es 27 °C. • Enfríe el pan cocido sobre una rejilla de alambre para que tenga corteza crujiente. • Es preciso amasar bastante para que el gluten de la harina se desarrolle y le aporte elasticidad. Así, cuando la levadura libere el dióxido de carbono, elevando y aireando la masa, ésta se estirará y mantendrá la forma. • Añada azúcar, fruta, verduras y otros sabores después de que la masa suba por primera vez, para no destruir la levadura.

rodillo

semillas

garfio para amasar

levadura

harinas

moldes

masa de pan

1 cucharadita de levadura seca
una pizca de azúcar
150 ml de agua tibia
250 g de harina corriente
1/2 cucharadita de sal marina
60 ml de aceite de oliva

PASO 1 Poner la levadura, el azúcar y el agua en un cuenco y mezclar todo. Dejar reposar la mezcla en un sitio cálido hasta que tenga burbujas en la superficie.

PASO 2 Echar la harina, la sal, el aceite y la mezcla de levadura en el cuenco de una batidora eléctrica con un garfio para amasar y batir bien hasta que se forme una masa lisa.

PASO 3 Amasar con el garfio durante cinco minutos o a mano, sobre una superficie ligeramente enharinada, durante 25 minutos hasta que esté suave y elástica.

PASO 4 Poner la masa en un cuenco limpio y engrasado, cubrir con un paño de cocina limpio y húmedo y dejar reposar en un sitio cálido durante 20 minutos hasta que haya doblado su tamaño. Amasar ligeramente antes de darle forma y ponerla en un molde. Cubrir y dejar reposar hasta que haya doblado su tamaño. Cocer en el horno precalentado a 200 °C durante 25 minutos hasta que el pan esté dorado y suene «a hueco» al darle golpecitos.

Si no va a usar la masa después de la fermentación, envuélvala bien con plástico y métala en el congelador para detener el crecimiento de la levadura. Antes de darle forma y cocerla, deje que se descongele y amásela ligeramente. Permita siempre que la levadura haga crecer la masa otra vez antes de cocer. Si la masa se va a meter en un molde, se le puede dar forma y congelarla en el molde; sin más, descongele la masa y deje que la levadura pruebe su actividad antes de cocerla. Si se añaden sabores a la masa, hacerlo después de que ésta se haya descongelado, antes de la segunda fermentación. La masa se conserva congelada hasta tres meses.

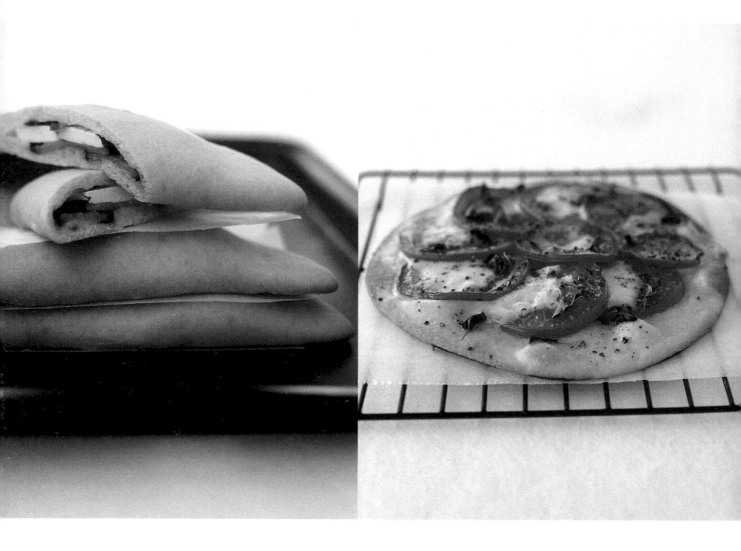

CALZONE Dividir la masa en cuatro porciones y extenderlas sobre una superficie enharinada hasta que tengan 1 cm de grosor. Poner encima rellenos como quesos, verduras asadas o carne asada o *pesto* sobre la mitad de la masa. Doblar la masa para cerrar el relleno. Cocer en el horno precalentado a 200 °C durante 25 minutos hasta que estén dorados.

BASES DE PIZZA Dividir la masa en cuatro porciones iguales y extenderla sobre una superficie ligeramente enharinada hasta que tenga el grosor deseado. Añadir los ingredientes y cocer en el horno a 200 °C durante 15 o 20 minutos hasta que la base esté dorada y los ingredientes hechos.

PAN CON ACEITUNAS Extender la masa sobre una superficie enharinada hasta que tenga 2 cm de grosor. Poner sobre una bandeja de horno. Echar por encima unas pocas aceitunas y unas hojas de romero. Espolvorear con sal y salpicar con aceite de oliva. Cubrir con un paño de cocina húmedo y dejar reposar hasta que doble su tamaño. Cocer en un horno precalentado a 200 °C durante 20 minutos.

PAN CON UVAS PASAS Y CANELA Incorporar 150 g de uvas pasas sin semilla, dos cucharadas de azúcar y dos cucharaditas de canela molida a la masa. Ponerla en un molde de bizcocho pequeño, cubrir con un paño de cocina húmedo y dejar reposar hasta que se haya doblado su tamaño. Cocer en horno precalentado a 200 °C durante 35 minutos.

glosario

aceite de chile

Aceite en el que se dejan macerar chiles, lo que le aporta más sabor y un gusto picante. De color habitualmente rojizo, cada marca tiene diferente fuerza, de modo que puede probar una gota para comprobar el picante. Se encuentra en tiendas de alimentación chinas o establecimientos especializados en cocina asiática.

albahaca asiática

Existe en diversas variedades: sagrada, anisada y púrpura. Cualquiera puede usarse en la cocina tailandesa o asiática, y se puede sustituir por cualquier albahaca.

anís estrellado

Especia con forma de estrella y sabor dulce y anisado utilizada con frecuencia en la cocina asiática. También se vende molida.

arroz arborio

Arroz de grano redondo que toma el nombre de un pueblo de la región del Piamonte, al norte de Italia, y se utiliza para el *risotto.* Libera parte del almidón al cocerse, por lo que el plato queda cremoso y sabroso. Otras variedades usadas para el *risotto* son *violone* y *carnaroli.*

azúcar de palma

Savia de la palma concentrada en un azúcar denso y húmedo. Se vende en forma de bloque que debe rallarse antes de su uso. Se utiliza principalmente en la cocina tailandesa. Yo prefiero el más oscuro por su sabor más intenso a caramelo. Se puede sustituir por azúcar moreno o piloncillo mejicano.

bayas de enebro

Bayas de color oscuro suavemente especiadas que complementan los platos de caza y carne roja. Conviene machacarlas un poco antes de usarlas para liberar su sabor. Se encuentran en tiendas especializadas.

blanquear

Técnica de cocina consistente en sumergir los alimentos en agua hirviendo durante unos segundos, retirarlos y refrescarlos después en agua fría para detener la cocción. Se utiliza para acentuar el color y el sabor, dar firmeza a la carne o facilitar el pelado.

bocconcini

Bolas de mozzarella fresca italiana que se venden en agua o salmuera. Se encuentran en las tiendas especializadas y en algunos supermercados. Tradicionalmente se elaboran a partir de leche de búfala, pero las más comunes son de leche de vaca. Puede sustituirse por cualquier queso fresco de consistencia firme.

bok choy

Tipo de repollo chino con tallos blancos y hojas de color verde oscuro. También se llama repollo de mostaza blanco. Se puede encontrar en tiendas de alimentación chinas o bien en establecimientos especializados en cocina asiática.

brie

Queso semicurado de leche de cabra o de vaca. De sabor intenso y textura cremosa, es muy similar al camembert.

capelli d'angelo

Pasta muy fina de forma tubular, de ahí su nombre. Se puede sustituir por espagueti, *linguini* o *fettucini* delgados. Se encuentra fresca o seca, y natural o con distintos sabores.

casia

La casia, llamada también canela china, es un tipo de canela de color marrón rojizo oscuro que presenta un sabor más intenso que la canela corriente y ligeramente agridulce. Puede sustituirse por canela corriente.

cerdo chino a la barbacoa

Carne de cerdo cocinada con especias en la barbacoa al estilo chino tradicional. Se encuentra en las tiendas de alimentación chinas o en establecimientos especializados en cocina asiática.

cinco especias chinas

Una mezcla a partes iguales de casia, pimienta anisada, anís estrellado, clavo y semillas de hinojo. Se puede reemplazar por una mezcla de *curry,* pimienta, nuez moscada y comino.

citronela

Es una hierba alta, con aroma de limón, que se usa en la cocina asiática, sobre todo en la tailandesa. Hay que eliminar las hojas exteriores y utilizar la tierna raíz del extremo de la hierba. Se pica muy fina o se usa en trozos para dar sabor a los platos (hay que retirar los trozos de hierba del guiso antes de servirlo). Se puede adquirir en establecimientos especializados en cocina asiática y en algunos grandes supermercados.

crème fraîche
Se trata de una mezcla de nata agria y nata fresca. Puede remplazarse por crema de leche.

discos de papel de arroz
Círculos finos y transparentes elaborados con una masa de arroz y agua. Antes de usarlos conviene humedecerlos en agua caliente o dejarlos en ella hasta que se ablanden. Se encuentran en establecimientos especializados en cocina asiática.

enoki
Son unas setas de color claro, tallo fino y alargado y sombrero pequeño. Pueden adquirirse, envasadas, en establecimientos especializados en cocina asiática.

fideos de celofán
Los fideos de celofán, elaborados con el almidón de las alubias *mung,* pueden presentarse como fideos redondos o cintas planas. Son difíciles de cortar y separar cuando están secos, de modo que intente comprarlos en paquetes pequeños si es posible. Deben remojarse en agua hirviendo durante 10 minutos o hasta que estén blandos y escurrirse después. También pueden freírse a fuego fuerte directamente desde el paquete.

fideos frescos de arroz
De venta en diversos tamaños y anchuras, sólo pueden conservarse durante unos días en el frigorífico. Para prepararlos, remojarlos en agua caliente o hirviendo durante un minuto, separándolos cuidadosamente con un tenedor, y escurrirlos después. Estos fideos también se presentan enrollados; pueden cocerse para ser utilizados como guarnición o rellenarse y cocerse.

fideos *hokkien*
Son unos fideos redondos y amarillos de trigo que pueden encontrarse en la sección de alimentos refrigerados de algunos establecimientos especializados en cocina asiática. Para prepararlos hay que ponerlos en un cuenco y cubrirlos con agua caliente o hirviendo. Se dejan en remojo durante uno o dos minutos hasta que estén blandos y se escurren después. En su lugar pueden utilizarse también fideos ramen de paquetito.

fideos *udon*
Fideos japoneses de trigo que pueden comprarse frescos o secos. Existen en diversos grosores y longitudes.

haloumi
Queso blanco y fino elaborado a partir de leche de oveja. Tiene una textura fibrosa y suele venderse en salmuera. En su lugar puede utilizarse queso semicurado manchego.

harisa
Pasta picante de chiles rojos, ajo, especias y aceite de oliva originaria del norte de África. Aunque es mejor hacerla en casa con ingredientes frescos, se puede encontrar ya preparada en tiendas especializadas envasada en tubos o botes.

hummus
Pasta originaria de Oriente Próximo hecha a base de garbanzos, pasta de sésamo, aceite de oliva, ajo y zumo de limón. Usarla para untar o mojar.

lima *kaffir*
Sus hojas aromáticas se machacan o pican y en la cocina tailandesa se utiliza a menudo el zumo de sus frutos.

limones en conserva
Originarios de los países de Oriente Próximo, se trata de limones enteros conservados en sal y zumo de limón. Para usarlos, retirar la pulpa y el tejido blanco del interior de la corteza y usar sólo la corteza al cocinar.

mascarpone
Queso italiano fresco y cremoso, muy parecido al requesón, elaborado con nata de leche de vaca o búfala.

miso
Pasta espesa elaborada a partir de alubias de soja fermentadas y trituradas. El *miso* rojo es una mezcla de alubias de soja y cebada; el blanco o amarillo, una mezcla de alubias de soja y arroz.

muscato d'asti
Vino dulce italiano afrutado y espumoso, generalmente con

sabores de fruta de hueso y cítricos. De bajo contenido alcohólico, se dice que es el vino perfecto para el desayuno.

nori

Algas secas y prensadas en láminas cuadradas. Se usan para rollos, sopas y cocina japonesa. Deben mantenerse siempre secas y guardadas en un recipiente hermético. Se pueden encontrar en establecimientos especializados en cocina asiática.

pasta fresca

375 g de harina
4 huevos grandes
2 cucharaditas de sal

Se pone la harina sobre la mesa de la cocina, haciendo un montoncito. Se hace un agujero en el centro, se cascan los huevos y se echan dentro, añadiendo también sal. Se rompen los huevos con un tenedor y poco a poco se les añade harina hasta formar una masa gruesa (también se puede hacer en un robot de cocina). Se pone la masa sobre una superficie ligeramente enharinada (puede ser necesario añadir un poco de harina para hacer manejable la masa) y se trabaja hasta que sea homogénea. Se parte en cuatro piezas y se pasa por la máquina de hacer pasta o se extiende con un rodillo hasta conseguir el grosor deseado. Se corta en la forma que se quiera o se cubre con un paño húmedo si se va a utilizar unas horas más tarde. La pasta se cuece en agua hirviendo abundante hasta que está al dente, y hay que asegurarse de que el agua sigue hirviendo durante la cocción. Para secarla, se cuelga de una

cuchara de madera suspendida o del mango limpio de una escoba durante una o dos horas, hasta que esté seca y dura. Conviene guardarla en recipientes herméticos.

pasta de chile

Condimento muy usado en la cocina china que se elabora a partir de alubias fermentadas, chiles rojos, harina y, a veces, ajo. Si hace pasta fresca puede añadirle una cucharadita de pasta de chile y así darle un toque picante.

pasta de *curry* roja

Pasta picante y especiada de chiles rojos molidos, hierbas y especias. Se encuentra envasada en botellas en las tiendas de alimentación chinas o bien en establecimientos especializados en cocina asiática.

pasta *laksa*

Base de una sabrosa sopa de leche de coco asiática, esta pasta *laksa* puede contener especias molidas, hierbas, jengibre, pasta de gambas y citronela. La sopa contiene caldo de coco especiado, fideos, brotes de alubias, menta, cilantro y marisco o pollo. La pasta *laksa* se consigue en establecimientos especializados en cocina asiática. Pruebe distintas marcas hasta dar con la que mejor se adapte a su gusto.

pato chino a la barbacoa

Pato con especias cocinado en la barbacoa al estilo chino tradicional. Se encuentra a la venta en establecimientos especializados en cocina asiática.

perifollo

Hierba delicada y rizada con leve sabor dulce a anís. El sabor disminuye después de picarla, de modo que debe añadirse a la comida justo antes de servir. Puede sustituirse por una mezcla de perejil y cilantro.

radicchio

Verdura similar a la escarola que tiene aspecto de col roja, pero que se diferencia de ésta en tener la base blanca y un ligero sabor amargo.

ricotta

Queso italiano suave y fresco, de textura suave y sabor neutro. Puede emplearse tanto en la elaboración de platos salados como dulces. Un buen sustituto puede ser el queso cottage.

rúcula

Planta anual parecida al berro y de sabor algo picante. De ella se comen las hojas y los tallos jóvenes.

salsa de pescado

Líquido claro y de color ámbar que se obtiene del pescado salado y fermentado. Es un condimento muy importante en la cocina tailandesa.

salmón curado

De origen nórdico, es un filete de salmón curado en una mezcla de sal gruesa, azúcar y hierbas. Debe cortarse en lonchas muy finas, y aunque parece salmón ahumado tiene un sabor más delicado.

salsa *hoisin*

Salsa china espesa y dulce elaborada a partir de soja fermentada, azúcar, sal y vinagre. Se utiliza como salsa para mojar o glaseada y es la salsa clásica del pato al estilo de Pekín. Se puede adquirir en establecimientos especializados en cocina asiática.

sashimi de atún

Atún de la mejor calidad cortado al estilo asiático o japonés. Es muy tierno y en Japón se consume crudo. Se suele usar con moderación, debido a su alto precio. Se puede encontrar en las mejores pescaderías.

shiitake

Originarias de Japón y Corea, estas setas poseen un acusado sabor, distinto a cualquiero otro. Presentan sombrero marrón y pedúnculos de color crema.

tomates semisecos

Gajos de tomate que se han secado un poco al sol, de modo que aún están blandos y húmedos. Suelen venderse en aceite aromatizado.

tortillas de maíz

Harina de maíz amasada en discos planos y usada para envolver alimentos o para ser utilizada como pan. Las tortillas de harina de trigo son otra variedad popular. Tradicionales de la cocina de México y de otros países sudamericanos.

vainilla

Vainas curadas de una planta tropical perteneciente a la familia de las orquídeas. Se usan enteras, a menudo cortadas a lo largo, para dar sabor a recetas con crema. También se comercializa el extracto puro de vainilla, un líquido espeso, oscuro y pegajoso que puede sustituir bien a las vainas en la cocina.

vaporera de bambú

Cestillo de bambú asiático con tapa y base de rejilla. Se pone con los alimentos sobre una cacerola de agua hirviendo, para cocerlos al vapor. También puede usarse una de metal.

vermicelle

Fideos muy delgados de trigo o arroz utilizados en sopas, cremas y caldos.

vino chino para cocinar

Vino elaborado con arroz que posee un sabor muy similar al jerez seco. Suele venderse en establecimientos especializados en cocina asiática con la etiqueta *Shaohsing*. Puede también emplearse el *sake*, la versión japonesa del vino de arroz.

wasabi

Condimento procedente de la raíz nudosa de la planta japonesa *Wasabia japonica*. Se trata de un ingrediente tradicional que suele servirse con el *sushi* o *sashimi*, y que produce la misma sensación de picor nasal que los rábanos picantes. Se encuentra en forma de pasta o polvo en establecimientos especializados en cocina asiática.

Tabla de equivalencias

1 taza = 250 ml de capacidad
1 cucharada = 15 ml
1 cucharadita = 5 ml

índice

A

aceitunas
    pan con 181
    y ajo, pasta con 72
agujas con arroz *pilaf,* limón y pimienta 58
ajo
    asado, puré de patatas y 134
    ensalada de espinacas con aliño caliente
        de 44
    pasta con aceitunas y 72
    polenta con parmesano y verduras asadas
        con 103
    tostada de 126
    y limón, espagueti con chile, 130
albahaca
    en tortilla con salmón curado 72
    frita, pasta con pollo troceado y 30
    sopa de tomate y 149
aliño caliente de nueces, rúcula con 134
almuerzo, pasteles para el 122
alubias
    blancas y atún, ensalada de 36
amaretto, torrijas con 48
anís estrellado
    ensalada de pato y 86
    pollo rehogado con soja y 64
apio nabo, trucha con puré de 94
arándanos, frambuesas y muscato, frutas
    de hueso con 48
arroz
    con leche, flan de 138
    con plátano 122
    con ternera y sésamo, rollos de papel de 86
    de coco con sirope de lima 112
    pilaf con chile, pollo con especias y 60
    pilaf, limón y pimienta, agujas con 58
    pollo al vapor con citronela y rollos de 103
atún
    emparedados calientes de 40
    ensalada de alubias blancas y 36
    lima y salsa de soja, rollitos de primavera
        con 90
    y limón, pasta al chile con 40
avellana, pastelillos de chocolate y 80
avena con leche y frutas del bosque 118

B

bases de pizza 180
beicon y habas, sopa de 64
berenjena
    asada con salsa verde de albahaca 67
    con tomate, albahaca y *risotto*
        de parmesano 93
    ensalada crujiente de 30
    salsa de tomate con chiles y 149
bizcochitos de chocolate 78
bocadillo de hierbas y pollo 122
bocconcini, ternera con tomate y 64
bollitos, dulce de membrillo sobre 138
boniato y jengibre, chuletas de cerdo
    con puré de 68
boniatos
    asados, pollo con 93
    con sésamo 134
brochetas de cordero con miel 74

C

cacahuetes, ensalada de cordero, fideos y 68
café
    con vainilla 118

y vainilla, gofres con sirope de 78
calabaza
    con *risotto* de feta 94
    ternera con 106
calamares con chile verde y lima *kaffir* 26
caldo
    de pescado 157
    de pollo 155
    de ternera 156
    de vaca 157
    de verduras 156
calzone 180
canela, tortitas con corteza de 112
cerdo
    a la barbacoa en copas de lechuga 74
    asado con panceta curada crujiente, filetes
        de 54
    cocidas y asadas, costillas de 98
    con manzanas y azúcar moreno, filetes
        de 98
    con puré de boniato y jengibre, chuletas
        de 68
    e hinojo, ensalada caliente de 74
    hoisin en crepes de cebolleta 36
    rehogado con *shiitake* 103
champiñones silvestres, *risotto* de vino blanco
    con 93
chile
    ajo y limón, espagueti con 130
    chuletas de cordero con fideos al 22
    con atún y limón, pasta al 40
    dulce, pasteles de gambas con salsa de 58
    lentejas con hojas de lima y 68
    palomitas con 126
    pollo a la parrilla con lima y 122
    pollo con especias y arroz *pilaf* con 60
    rollos de ternera con 32
    sándwiches de tortillas de maíz con alubias
        y salsa de 122
    tempura de pescado y ensalada de 103
    verde y lima *kaffir,* calamares con 26
    y berenjena, salsa de tomate con 149
chocolate
    bizcochitos de 78
    blanco, tiramisú de 48
    caliente, auténtico 138
    helado con palitos de 138
    magdalenas de 122
    para helado, salsa de 48
    tartaletas de coco y 112
    y avellana, pastelillos de 80
chuletas
    de cerdo con puré de boniato
        y jengibre 68
    de cordero con fideos al chile 22
cinco especias, pollo con sal y 54
ciruelas, postre de 110
citronela
    mejillones con caldo de jengibre y 22
    y rollos de arroz, pollo al vapor con 103
coco
    con sirope de lima, arroz de 112
    galletas de 126
    granizado de melón y 118
    natillas de 80
    peras cocidas en leche de 80
    pollo guisado con curry y 67
    y chocolate, tartaletas de 112
    y salmón, *laksa* de 58
codornices con salsa de soja 72

copas de lechuga, cerdo a la barbacoa en 74
cordero
    con especias y cuscús con cebolla, filetes
        de 93
    con fideos al chile, chuletas de 22
    con glaseado de membrillo 26
    con miel, brochetas de 74
    con picadillo de limones en conserva,
        costillar de 100
    fideos y cacahuetes, ensalada de 68
costillar de cordero con picadillo de limones
    en conserva 100
costillas de cerdo cocidas y asadas 98
crepes
    de cebolleta, cerdo *hoisin* en 36
    de pato 130
    masa para 165
curry y coco, pollo guisado con 67
cuscús
    con cebolla, filetes de cordero
        con especias y 93
    con especias, ternera con ajo y 67
    rúcula y parmesano, ensalada de 32

D

desayuno, sándwich de 118
dulce de membrillo
    sobre bollitos 138
    y jamón serrano, pollitos asados con 90

E

emparedados calientes de atún 40
ensalada
    caliente de cerdo e hinojo 74
    caliente de salmón ahumado 126
    crujiente de berenjenas 30
    de alubias blancas y atún 36
    de chiles, tempura de pescado y 103
    de cordero, fideos y cacahuetes 68
    de cuscús, rúcula y parmesano 32
    de espinacas con aliño caliente de ajo 44
    de fideos con jengibre, *sashimi* sobre 22
    de gambas con aliño de parmesano 40
    de hinojo tostado 60
    de jamón serrano, tortas de maíz con 98
    de lechuga *iceberg* 134
    de pato y anís estrellado 86
    de pepino, ternera con pimienta y 40
    de tomates asados 134
    de tostada con tomates asados 58
    niçoise de tallarines 86
    tailandesa de pollo 100
espaguetis con chile, ajo y limón 130
espárragos
    con mantequilla balsámica 134
    con *tofu* y mantequilla balsámica 26
espinacas
    con ajo, langostinos fritos sobre 90
    con aliño caliente de ajo, ensalada de 44
    pasta con pollo y 44
    ravioli sobre brotes de 130
    vieiras fritas con *risotto* de limón y 98
    y ricotta, pasteles de 94

F

fideos
    al chile, chuletas de cordero con 22
    con jengibre, *sashimi* sobre ensalada de 22
    hokkien con pollo y sésamo 68
    sopa de *miso* con pollo y 32

udon con pollo a la parrilla, sopa de 54
y cacahuetes, ensalada de cordero, 68
filetes
    de cerdo asado con panceta curada
      crujiente 54
    de cerdo con manzanas y azúcar
      moreno 98
    de cordero con especias y cuscús con
      cebolla 93
    de ternera balsámicos glaseados 32
flan de arroz on leche 138
frambuesas
    y muscato, frutas de hueso
      con arándanos, 48
    y yogur, helado de 138
fresas caramelizadas, galletas con 78
fruta
    asada con azúcar 110
    de hueso con arándanos, frambuesas
      y muscato 48
    de la pasión, pastelillos de queso y 112
    del bosque, avena con leche y 118
frutos secos, masa con 172

G
galletas
    con fresas caramelizadas 78
    de coco 126
    de parmesano 110
gambas
    con aliño de parmesano, ensalada de 40
    con salsa de chile dulce, pastelitos
      de 58
    crujientes con lechuga *iceberg* 36
gofres con sirope de café y vainilla 78
granizado de melón y coco 118

H
habas, sopa de beicon y 64
haloumi, higos asados con 72
harisa y patatas cocidas con cilantro, pescado
    frito con 74
helado
    con palitos de chocolate 138
    de frambuesas y yogur 138
    sándwiches de 138
hierbas y pollo, bocadillo de 122
higos
    asados con haloumi 72
    con oporto y vainilla 48
    tostados, ricotta con especias e 126
hinojo
    ensalada caliente de cerdo e 74
    tostado, ensalada de 60
huevos al horno 118

J
jamón serrano
    pollitos asados con dulce de membrillo
      y 90
    tortas de maíz con ensalada de 98
    tostadas con 44
    y salvia, salsa de tomate con 148
jengibre
    pollo cocido en caldo de 106
    sashimi sobre ensalada de fideos con 22
    y citronela, mejillones con caldo de 22
    y verduras, ternera rehogada con 60
judías, mantequilla de piñones con 134

L
laksa de coco y salmón 58
langostinos fritos sobre espinacas con ajo 90
leche de coco, peras cocidas en 80
lechuga *iceberg*
    ensalada de 134
    gambas crujientes con 36
lentejas
    con hojas de lima y chiles 68
    con panceta curada 86
lima *kaffir*
    arroz de coco con sirope de 112
    calamares con chile verde y 26
    y chiles, pollo a la parrilla con 122
limón
    espagueti con chile, ajo y 130
    pasta al chile con atún y 40
    pasta con vieiras y mantequilla de 30
    y alcaparras, pollo asado con aceitunas, 94
    y perejil, pescado frito con 60
    y pimienta, agujas con arroz *pilaf*, 58
limones en conserva, costillar de cordero
    con picadillo de 100

M
macarrones con queso 130
magdalenas de chocolate 122
mantequilla
    de limón, pasta con vieiras y 30
    de piñones con judías 134
    de piñones, pescado blanco con 30
manzana
    tartas de 78
    y azúcar moreno, filetes de cerdo con 98
masa
    con cerveza 164
    con frutos secos 172
    con parmesano 173
    con pimienta y mostaza 173
    de pan 179
    para crepes 165
    para rebozar 162
    para tempura 165
    para tortitas 164
    quebrada 170
    quebrada dulce 172
mejillones con caldo de jengibre
    y citronela 22
melón y coco, granizado de 118
membrillo
    con vainilla 80
    cordero con glaseado de 26
    sobre bollitos, dulce de 138
miel,
    mostaza y jamón ahumado, panes
      planos con 44
    yogur con pistachos tostados y 118
miso con pollo y fideos, sopa de 32
mostaza, masa con pimienta y 173
muesli empapado 118
muscato, frutas de hueso con arándanos,
    frambuesas y 48

N
natillas de coco 80
nueces, rúcula con aliño caliente de 134

O
oporto y vainilla, higos con 48
ostras, verduras con salsa de 134

P
palomitas con chile 126
pan
    con aceitunas 181
    con uvas pasas y canela 181
panceta
    curada crujiente, filetes de cerdo asado
      con 54
    lentejas con 86
panecillos de cerdo cocidos al vapor 126
panes planos con miel, mostaza y jamón
    ahumado 44
panettone, ricotta y pasas, sándwiches
    de 110
panna cotta 138
papel de arroz con ternera y sésamo, rollos
    de 86
parmesano
    ensalada de cuscús, rúcula y 32
    ensalada de gambas con aliño de 40
    galletas de 110
    masa con 173
    pollo rebozado con 67
    y verduras asadas con ajo, polenta con 103
pasas, sándwiches de *panettone*, ricotta
    y 110
pasta
    al chile con atún y limón 40
    con aceitunas y ajo 72
    con pollo troceado y albahaca frita 30
    con pollo y espinacas 44
    con rúcula y queso azul 64
    con salmón ahumado y salsa de eneldo 26
    con tomate natural y salsa de rúcula 22
    con vieiras y mantequilla de limón 30
pasteles
    de espinacas y ricotta 94
    para el almuerzo 122
pastelillos
    de chocolate y avellana 80
    de queso y fruta de la pasión 112
    de *risotto* 122
pastelitos de gambas con salsa de chile
    dulce 58
patatas
    cocidas con cilantro, pescado frito
      con *harisa* y 74
    cocidas con romero y sal 134
    crujientes con salmón 130
    y ajo asado, puré de 134
pato
    crepes de 130
    y anís estrellado, ensalada de 86
pepino, ternera con pimienta y ensalada
    de 40
peras
    caramelizadas con tortitas 138
    cocidas en leche de coco 80
pescado
    blanco con mantequilla de piñones 30
    caldo de 157
    frito con *harisa* y patatas cocidas
      con cilantro 74
    frito con limón y perejil 60
    y ensalada de chiles, tempura de 103
pez espada frito con aceite de oliva
    y salvia 36
picadillo de limones en conserva, costillar
    de cordero con 100
pimienta y mostaza, masa con 173

piñones
    con judías, mantequilla de 134
    tabulé de rúcula, pollo y 90
pistachos tostados y miel, yogur con 118
pizza
    bases de 180
    con tomate, aceitunas y romero 106
plátano, arroz con 122
polenta
    con parmesano y verduras asadas
        con ajo 103
    con queso azul y ternera con vino 100
pollitos asados con dulce de membrillo
    y jamón serrano 90
pollo
    a la parrilla con lima y chiles 122
    a la parrilla, sopa de fideos *udon* con 54
    al vapor con citronela y rollos de arroz 103
    asado con aceitunas, limón y alcaparras 94
    bocadillo de hierbas y 122
    caldo de 155
    cocido en caldo de jengibre 106
    con boniatos asados 93
    con especias y arroz *pilaf* con chile 60
    con sal y cinco especias 54
    ensalada tailandesa de 100
    frito con requesón de cabra 54
    guisado con *curry* y coco 67
    rebozado con parmesano 67
    rehogado con soja y anís estrellado 64
    troceado y albahacá frita, pasta con 30
    y espinacas, pasta con 44
    y fideos, sopa de *miso* con 32
    y piñones, tabulé de rúcula, 90
    y sésamo, fideos *hokkien* con 68
postre de ciruelas 110
puré
    de apio nabo, trucha con 94
    de boniato y jengibre, chuletas de cerdo
        con 68
    de patatas y ajo asado 134

Q
queso
    azul, pasta con rúcula y 64
    azul y ternera con vino, polenta con 100
    trozo de 126
    y fruta de la pasión, pastelillos de 112

R
ravioli sobre brotes de espinacas 130
requesón de cabra 126
    pollo frito con 54
ricotta
    con especias e higos tostados 126
    pasteles de espinacas y 94
    tostada de ruibarbo y 118
    y pasas, sándwiches de *panettone,* 110
risotto
    de feta, calabaza con 94
    de limón y espinacas, vieiras fritas con 98
    de parmesano, berenjenas con tomate,
        albahaca y 93
    de vino blanco con champiñones
        silvestres 93
    pastelillos de 122
rollitos
    de primavera con atún, lima y salsa
        de soja 90
    de tortilla 22

rollos
    de arroz, pollo al vapor con citronela y 103
    de papel de arroz con ternera y sésamo 86
    de ternera con chile 32
romero y sal, patatas cocidas con 134
rosquillas con azúcar y canela tostadas 118
rúcula
    con aliño caliente de nueces 134
    pasta con tomate natural y 22
    pollo y piñones, tabulé de 90
    y parmesano, ensalada de cuscús, 32
    y queso azul, pasta con 64
ruibarbo y ricotta, tostada de 118

S
sal y cinco especias, pollo con 54
salmón
    ahumado, ensalada caliente de 126
    ahumado y salsa de eneldo, pasta con 26
    asado con salsa verde 100
    curado, tortilla de albahaca con 72
    laksa de coco y 58
    patatas crujientes con 130
salsa
    clásica de tomate 146
    de chocolate para helado
    de soja, codornices con 72
    de tomate con chiles y berenjena 149
    de tomate con jamón serrano y salvia 148
    de tomates asados 148
    verde de albahaca, berenjena asada
        con 67
    verde, salmón asado con 100
sándwich
    de desayuno 118
    de helado 138
    de *panettone,* ricotta y pasas 110
    de ternera 130
    de ternera con ajo asado 106
    de tortillas de maíz con alubias y salsa
        de chiles 122
    sencillo de tomate 122
sandwichera 126
sashimi sobre ensalada de fideos
    con jengibre 22
sésamo, boniatos con 134
shiitake, cerdo rehogado con 103
soja y anís estrellado, pollo rehogado con 64
sopa
    de beicon y habas 64
    de fideos *udon* con pollo a la parrilla 54
    de *miso* con pollo y fideos 32
    de tomate y albahaca 149
surtido variado de aperitivos 130
sushi con trampa 130

T
tabulé de rúcula, pollo y piñones 90
tallarines, ensalada *niçoise* de 86
tartaletas de coco y chocolate 112
tartas de manzana 78
tempura
    de pescado y ensalada de chiles 103
    masa para 165
ternera
    balsámicos y glaseados, filetes de 32
    caldo de 156
    con ajo asado, sándwiches de 106
    con ajo y cuscús con especias 67
    con calabaza 106

    con chile, rollos de 32
    con pimienta y ensalada de pepino 40
    con tomate y *bocconcini* 64
    con vino, polenta con queso azul y 100
    rehogada con jengibre y verduras 60
    sándwich de 130
    y sésamo, rollos de papel de arroz con 86
tiramisú de chocolate blanco 48
tofu y mantequilla balsámica, espárragos
    con 26
tomate
    aceitunas y romero, pizza con 106
    albahaca y *risotto* de parmesano,
        berenjenas con 93
    asado, ensalada de 134
    asado, ensalada de tostada con 58
    asado, salsa de 148
    con chiles y berenjena, salsa de 149
    con jamón serrano y salvia, salsa de 148
    natural y rúcula, pasta con 22
    salsa clásica de 146
    y albahaca, sopa de 149
    y *bocconcini,* ternera con 64
torrijas con *amaretto* 48
tortas de maíz con ensalada de jamón
    serrano 98
tortilla
    de albahaca con salmón curado 72
    de maíz con alubias y salsa de chile,
        sándwiches de 122
    de sobras 130
    rollitos de 22
tortillitas 122
tortitas
    con corteza de canela 112
    peras caramelizadas con 138
tostada
    con jamón serrano 44
    con tomates asados, ensalada de 58
    de ajo 126
    de ruibarbo y ricotta 118
trampa, *sushi* con 130
trozo de queso 126
trucha con puré de apio nabo 94

U
uvas pasas y canela, pan con 181

V
vaca, caldo de 157
vainilla
    café con 118
    gofres con sirope de café y 78
    higos con oporto y 48
    membrillo con 80
verduras
    asadas con ajo, polenta con parmesano
        y 103
    caldo de 156
    con salsa de ostras 134
    ternera rehogada con jengibre y 60
vieiras
    fritas con *risotto* de limón y espinacas 98
    y mantequilla de limón, pasta con 30

Y
yogur
    con pistachos tostados y miel 118
    helado de frambuesas y 138